MANUAL DE **PUBLICAÇÕES** DA EDITARES

Associação Internacional EDITARES

Lane Galdino (Org.)

MANUAL DE PUBLICAÇÕES DA EDITARES

Carolina Ellwanger
Cristina Ellwanger
Daniel Ronque
Denise Paro
Eliana Manfroi
Ercília Monção
Guilherme Kunz
Ila Rezende
Lane Galdino
Liege Trentin
Milena Mascarenhas
Miriam Kunz
Oswaldo Vernet
Rosane Amadori
Sônia Ribeiro
Telma Crespo

EDITARES

Foz do Iguaçu, PR

2021

Edição	Oswaldo Vernet.
Revisão	Carlos Moreno, Daniel Ronque, Eliana Manfroi, Ercília Monção, Ila Rezende, Liege Trentin, Rosane Amadori e Sônia Ribeiro.
Diagramação	Francieli Padilha.
Capa	Francieli Padilha. Imagens: Freepik e Rawpixel.com – Freepik.com.
Ilustrações	Jadher Curvelo.
Impressão	Meta Brasil.

Dados Internacionais de Catalogação na Publicação (CIP)

M294	Manual de publicações da Editares / Organizado por Lane Galdino. – Foz do Iguaçu, PR: Editares, 2021. 152 p. : il. Inclui bibliografia Inclui índice remissivo ISBN 978-65-86544-49-7 1. Conscienciografia 2. Grafopensene 3. Editoração 4. Redação técnica 5. Manuais I. Editares CDU 808(035)

Beatriz Helena P. de S. Cestari – CRB-10/1708

EDITARES.

Associação Internacional EDITARES
Av. Felipe Wandscheer, 6.200, sala 100D
Cognópolis, Foz do Iguaçu, PR, Brasil – CEP 85856-850
Fone: +55 (45) 99133-2818
Website: www.editares.org *E-mail:* editares@editares.org

Dedicatória

Aos autores

Aos leitores

Aos voluntários pioneiros fundadores da EDITARES

Aos voluntários ex-coordenadores da EDITARES

Aos amparadores extrafísicos

Sumário

Prefácio
Neopatamar Editorial

Edição. Editar é organizar, selecionar, normatizar e, por vezes, redesenhar engenhosamente palavras e frases ao modo de um artesão atento aos detalhes da própria obra. Exige atenção, criatividade, associação de ideias, em um verdadeiro e prazeroso exercício mentalsomático.

Histórico. A arte da edição é antiga. Há vestígios de tal prática desde o Século III. Um dos centros editorais da História foi a célebre Biblioteca de Alexandria, onde se copiavam manualmente textos antigos, às vezes acrescidos de comentários.

Seriexologia. Pode-se suspeitar, por hipótese, terem sido muitos editores e autores da atualidade ex-copistas ou escribas em retrovidas já envolvidos no universo da *escrita-edição-publicação*.

Prensa. A edição ganhou importância a partir da prensa de Gutenberg, em uma época na qual as palavras grafadas começaram a viajar de um lugar para outro difundindo o conhecimento com velocidade jamais conhecida. A disseminação de ideias com aquele sistema de impressão derrubou alguns paradigmas e contribuiu para solidificar outros.

Evolução. O processo editorial implica organização, responsabilidade e coesão entre os diversos especialistas, incluindo editores, pareceristas, diagramadores, revisores e capistas. Uma boa edição é resultado de um trabalho afinado em equipe.

Obra. Esta obra, *Manual de Publicações da Editares,* mostra justamente a sinergia de voluntários-editores e da equipe técnica colegiada da *Associação Internacional Editares*. Antes mesmo de completar duas décadas de existência, a jovem editora evidencia amadurecimento e especialização na tarefa mentalsomática de publicar verdades relativas de ponta oriundas de autores-pesquisadores da Neociência Conscienciologia.

Assistência. A proposição deste Manual vem contribuir sobremaneira para a qualificação das obras conscienciológicas, esclarecendo autores e neoautores quanto a procedimentos relacionados ao processo editorial, seja em livros e periódicos escritos no idioma português ou em línguas estrangeiras. Também dirime costumeiras dúvidas daqueles autores estreantes no mundo das publicações.

Profissionalismo. Ao expor detalhes do fluxo editorial, incluindo desde a entrada da obra na Editora, até o lançamento e distribuição dos livros, os voluntários da Editares demonstram profissionalismo e deixam aos futuros integrantes da editora referência grafada para manter a qualidade editorial alçada na atualidade.

Confor. Os detalhes de conteúdo e forma, próprios dos livros conscienciológicos expostos nesta obra, indicam o quanto a Editares está sintonizada com a concepção da edição conscienciológica, a qual propõe inovações e exaustividade. A inserção do levantamento estatístico da obra, nas páginas finais, é um dos exemplos.

Desafio. Editar é tarefa complexa. Editar obras conscienciológicas é desafio maior em razão da pressão inerente às ideias inovadoras do paradigma consciencial. A Editares mostra, com a publicação deste Manual, ter alcançado patamar editorial de excelência pautado na interassistencialidade.

Agradecimento. Esta obra é fruto do trabalho persistente e contínuo de voluntários e ex-voluntários ao longo da última década e do esforço desmedido da atual coordenação a fim de organizar procedimentos técnico-administrativos da Editares. É preciso agradecer a cada voluntário e aos amparadores técnicos da Editoriologia e Publicaciologia por esta importante conquista no contexto da maxiproéxis grupal.

Denise Paro.

Foz do Iguaçu, 6 de junho de 2021.

Introdução

Autorrevezamento. Se os componentes da *Comunidade Conscienciológica Cosmoética Internacional* (CCCI) entenderem mais o significado profundo do autorrevezamento multiexistencial, vão fazer mais do que têm feito até agora quanto à redação e publicação dos **livros** sobre a Conscienciologia. (VIEIRA, 2014b, p. 247)

Motivação

Tares. A consecução da tarefa do esclarecimento por parte da conscin intermissivista presume, em algum nível, o compartilhamento das autopesquisas pautado no paradigma consciencial, seja de maneira oral ou escrita.

Livro. O registro grafado do conteúdo autexperimental ainda constitui a forma mais perene de legar aos compassageiros a teática evolutiva particularíssima de cada autor, capaz de despertar reflexões, inspirar neocondutas e motivar reciclagens em outros microuniversos conscienciais.

Urgência. Muito se tem produzido em mais de 3 décadas de Conscienciologia e, paradoxalmente, não cessa a premência de novas publicações, com neoabordagens singulares, face à aceleração histórica do atual momento evolutivo planetário.

Cotejo. Ultrapassando o artigo técnico e o verbete neoenciclopédico, o livro, pela extensão e profundidade pressupostas, requer do autor tratamento bem mais cuidadoso no tocante à estruturação do conteúdo, sem perder de vista as características de legibilidade.

Gap. Entre o esboço preliminar grafado pelo autor e o livro publicável, insere-se inevitável cadeia de apreciações, revisões, contribuições enriquecedoras e devolutivas, visando adequar a obra aos requisitos de cientificidade inerentes à Neociência.

EDITARES. Segundo Tornieri (In: VIEIRA, 2018, p. 9.183 a 9.188), a *Associação Internacional EDITARES* é:

> [...] a *Instituição Conscienciocêntrica* (IC), científica, educacional, político-apartidária, sem fins de lucro, independente e universalista, especializada na edição de obras tarísticas (livros, jornais, revistas, DVDs, *e-books*) de divulgação da Ciência Conscienciologia e respectivas especialidades, fundada por pesquisadores-voluntários, em 23 de outubro de 2004.

Compromisso. Tendo a *Editoriologia* por especialidade-base, a EDITARES é responsável, desde a fundação, pela produção de quase duas centenas de livros conscienciológicos (Ano-base: 2021), efetivando, com *expertise* ímpar, os procedimentos capazes de transformar o esboço autoral preliminar em obra publicada.

Objetivo e Estrutura desta Obra

Propósito. A explicitação desse mecanismo viabilizador de gescons é o objetivo deste livro, apresentando à CCCI o funcionamento do Fluxo Editorial vigente na EDITARES.

Autores. Os responsáveis pelo conteúdo aqui apresentado são os voluntários integrantes do *Conselho Editorial*, a partir das experiências hauridas na editoração e publicação das diversas obras encaminhadas.

Estrutura. O presente texto está organizado em 6 seções, na ordem de ocorrência:

1. **Associação Internacional EDITARES:** a apresentação da IC; a constituição e função do *Conselho Editorial*.
2. **Fluxo Editorial:** o detalhamento de todo o trâmite da obra encaminhada à EDITARES; as diversas fases de revisão; a diagramação.
3. **Lançamento da Obra:** os procedimentos para difusão da obra ao público.
4. **Obras com Tratamento Específico:** a abordagem particular a outras categorias de obras.
5. **Procedimentos Jurídicos:** os aspectos legais envolvendo autoria e publicação.
6. **Estrutura da Obra:** as partes integrantes; as inter-relações.

Minilivro. Em Apêndice específico, a estruturação aplicada às obras é ilustrada com exemplos extraídos de livros já publicados, disponíveis gratuitamente, constituindo pequeno manual de referência para autores e editores.

Convite

Descrenciologia. Ao leitor ou à leitora desta obra, seja autor, editor, voluntário ou meramente interessado em conhecer os pormenores da editoração de livros na EDITARES, recomendamos a abordagem a este texto prevista no enunciado do *princípio da descrença,* não acreditando em nada e buscando comprovar pela autexperiência as informações relatadas.

Incentivo. Como sugestão para averiguar com autocriticidade os detalhamentos aqui expressos, sugerimos a *iniciativa urgente* de redigir e encaminhar a própria obra à EDITARES, validando pela vivência pessoal cada informação encontrada neste texto.

Agradecimento

Multimensionalidade. Muito além dos percalços intrafísicos inerentes a qualquer empreendimento pró-evolutivo, a concretização gráfica de conteúdo conscienciológico apresenta desafios ainda mais complexos, dadas as especificidades dos trâmites mutidimensionais envolvidos, não raro antagônicos.

Amparologia. Sem a atuação dos amparadores extrafísicos, sabemos ser impossível levar a termo essa tarefa diária, ininterrupta, de disponibilizar em livros os conteúdos ideativos formulados pelos autores.

Foz do Iguaçu, PR, 23 de abril de 2021.

Oswaldo Vernet, Editor.

I.

Associação Internacional EDITARES

1. Histórico e Organização

1.1. Objetivos

Definição. A *Associação Internacional EDITARES* é a *Instituição Conscienciocêntrica* (IC), sem fins de lucro, científica, educacional, político-apartidária, independente e universalista, especializada na edição de obras tarísticas (livros impressos ou digitais, tratados, manuais e revistas) de divulgação da Ciência Conscienciologia e respectivas especialidades, fundada por pesquisadores-voluntários, em 23 de outubro de 2004, na cidade de Foz do Iguaçu, Paraná, Brasil.

Divulgação. Em complemento às edições, publicações e distribuição das obras conscienciológicas, a EDITARES faz, de modo perene, a divulgação da Ciência exposta nos livros, por intermédio de *lives* e disponibilização, de maneira gratuita no *site* da editora, de todas as obras do Prof. Waldo Vieira (1932–2015), propositor das ideias da Ciência Conscienciologia, assim como dos livros de outros autores, somando mais de 40 obras (Ano-base: 2021).

1.2. Voluntariado Conscienciológico

Voluntariado. Segundo o previsto no Art. 5° do Estatuto Social da EDITARES[1], todo o trabalho desenvolvido na IC é realizado por voluntários associados, especializados na edição e publicação de obras conscienciológicas, abrangendo desde o recebimento dos originais até o lançamento da obra. Todo o processo editorial ao qual se submete o livro dentro da editora será detalhado em capítulos específicos desta obra.

1 Art. 5°. A EDITARES poderá ter um número ilimitado de associados, sempre admitidos pelo Colegiado Administrativo, sem qualquer distinção de raça, cor, sexo, nacionalidade, filiação política ou credo religioso.

Multidimensionalidade. Em alinhamento ao paradigma consciencial, a atuação dos voluntários da EDITARES é pautada pela interassistência, considerando que todo o fluxo intrafísico da editoração ocorre em sintonia com a dimensão extrafísica.

1.3. Sustentabilidade Financeira

Recursos. A sustentação financeira da EDITARES provém dos valores doados por parte dos autores para a publicação da obra e da comercialização dos títulos.

Fundos. O resultado financeiro da instituição é destinado à operação da própria editora, compreendendo o Fundo Editorial dedicado às publicações, reedições e reimpressões das obras e o Fundo de Reserva afeito à sustentabilidade administrativa, como dispõem os Artigos 38 e 39, do Estatuto Social[2].

1.4. Publicações

Produção. Ao longo de 16 anos de existência, a Editora publicou (Ano-base: 2021) mais de 180 títulos, de 130 autores da Conscien-

2 Art. 38. A EDITARES não distribuirá a seus associados, voluntários, coordenadores, empregados, doadores eventuais ou terceiros, excedentes operacionais, brutos ou líquidos, dividendos, bonificações, participações ou parcelas do seu patrimônio, auferidos mediante o exercício de suas atividades, revertendo qualquer eventual saldo positivo de seus exercícios financeiros em benefício da manutenção e ampliação de suas finalidades estatutárias e/ou de seu patrimônio.
Art. 39. As receitas provenientes da venda de livros terão destinação conforme descrito nos parágrafos 1° a 3° seguintes:
§ 1° No mínimo 10% (dez por cento) das receitas das vendas será destinado ao Fundo Editorial e deverá ser exclusivamente utilizado para o financiamento de publicações.
§ 2° Será mantido Fundo de Reserva com saldo mínimo necessário para a sustentabilidade administrativa da EDITARES pelo período de 6 (seis) meses.
§ 3° A receita líquida da venda de livros deverá ser utilizada para a reedição ou reimpressão da própria obra. Na hipótese de o autor decidir pela não reedição ou reimpressão, o valor será destinado ao Fundo Editorial mencionado no § 1°, deste artigo.

ciologia falando das próprias experiências e das reciclagens pessoais e grupais, com base no Paradigma Consciencial.

Produção Anual de Obras da EDITARES - 2004 a 2020

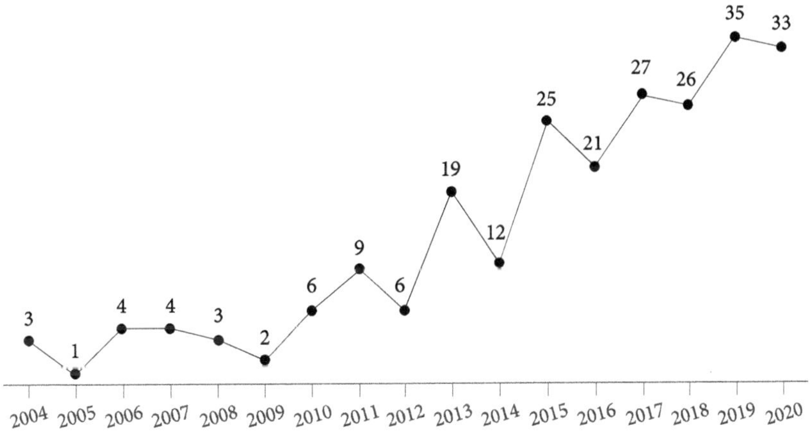

2. Política Editorial

2.1. Obras publicáveis pela EDITARES

Posicionamento. Tendo em vista que a *Associação Internacional EDITARES* dedica-se à produção e publicação de obras fundamentadas na Ciência Conscienciologia e suas especialidades[3], o interesse da editora é na produção de conteúdo que contribua para o enriquecimento e expansão do Paradigma Consciencial, enquanto teoria-líder fundamentada na própria consciência.

Requisito. O conteúdo da obra precisa ter abordagem original e tarística.

2.2. Obras NÃO publicáveis pela EDITARES

Política. Consoante a política de publicação da EDITARES, **não** são contempladas obras apresentando qualquer das 8 características a seguir, em ordem alfabética:

1. **Anticientificismo:** a abordagem contrária aos *princípios científicos;* o predomínio da beleza estética sobre o conteúdo.
2. **Anticosmoeticidade:** a abordagem em apologia ao belicismo, à religião, ao suicídio, à toxicomania, à violência, aos idiotismos culturais, dentre outros.
3. **Antiuniversalismo:** a abordagem em defesa de posicionamentos aprioristas, facciosos, fechadistas, interiorotas, paroquialistas, sectários ou separatistas.

3 *Instituto Cognopolitano de Geografia e Estatística* (ICGE): <https://www.icge.org.br/?page_id=1878>.

4. **Dogmatismo:** a abordagem dogmática, religiosa, doutrinária ou assentada em verdades absolutas, crendices, mitos, sacralizações ou gurulatrias.

5. **Ficcionismo:** a abordagem fantasiosa, desconectada de fatos, parafatos, realidades ou pararrealidades.

6. **Materialismo:** a abordagem unicamente eletronótica, fundamentada apenas no paradigma da Ciência Convencional.

7. **Misticismo:** a abordagem mística, esotérica ou obscurantista, própria do ocultismo.

8. **Tacon:** a abordagem assistencialista, demagógica, *fazedora de média,* eufêmica, no estilo água-com-açúcar ou autoajuda.

3. Conselho Editorial

3.1. Definição e Objetivos

Definição. O *Conselho Editorial da EDITARES* é o grupo de conscins responsável pela deliberação consensual e implementação de decisões acerca da produção gesconográfica de obras conscienciológicas sob responsabilidade da IC.

Objetivo. O referido conselho foi criado com a finalidade de dar maior objetividade e celeridade ao fluxo editorial, com procedimentos mapeados e etapas definidas para acompanhamento das obras em produção na IC, atuando junto aos autores, aos revisores e às diversas mídias de publicação.

Responsabilidade. São responsabilidades do *Conselho Editorial* as 5 ações, relacionadas em ordem lógica:

1. **Normatização:** a instituição e o aprimoramento das práticas relacionadas à produção de obras, em atenção aos princípios, objetivos e diretrizes de atuação da EDITARES.
2. **Legalização:** a definição das linhas editoriais e de políticas específicas relacionadas à cessão de direitos autorais, tiragem e distribuição das obras.
3. **Distribuição:** o critério de alocação de editor específico, para cada obra acolhida, responsável técnico pelo acompanhamento.
4. **Supervisão:** o acompanhamento do fluxo editorial, detectando e sanando eventuais lacunas ou delongas no processo de produção de obras.
5. **Divulgação:** a escolha das mídias de publicação mais oportunas para as diversas obras encaminhadas, em observância às tendências de demanda e divulgação.

Acolhimento. Faz parte das diretrizes básicas do *Conselho Editorial* acolher e acompanhar as obras encaminhadas à editora, proporcionando os esclarecimentos necessários sobre o fluxo editorial desde o primei ro contato feito, quando o neoautor comunica à EDITARES o interesse em agendar a entrevista para entrega dos originais.

II.

Fluxo Editorial

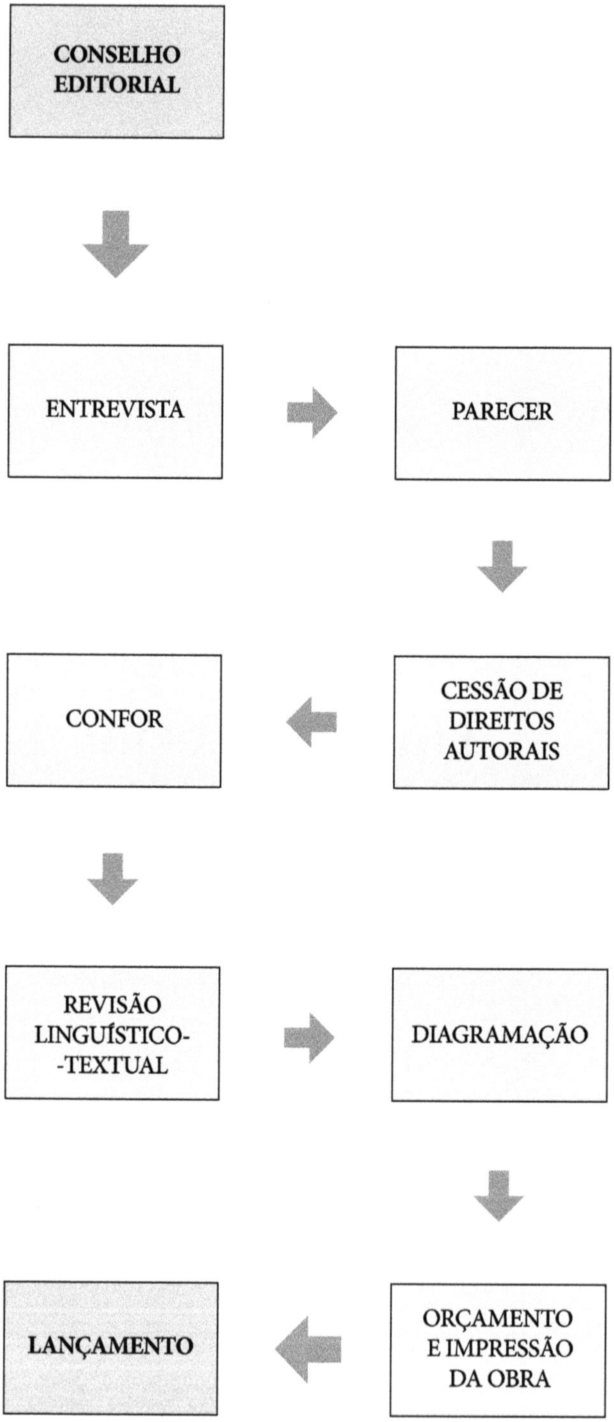
CONSELHO EDITORIAL
ENTREVISTA
PARECER
CESSÃO DE DIREITOS AUTORAIS
CONFOR
REVISÃO LINGUÍSTICO-
-TEXTUAL
DIAGRAMAÇÃO
ORÇAMENTO E IMPRESSÃO DA OBRA
LANÇAMENTO

4. Visão Geral

Fluxo. A sequência de etapas pela qual tramitam as obras publicadas pela EDITARES abrange 16 estágios, compondo o *fluxo editorial*, elencadas em ordem funcional:

01. **Admissão:** a recepção e pré-análise da obra, realizada por integrante do *Conselho Editorial*.

02. **Parecer:** a análise e emissão de parecer sobre a obra por voluntários especialistas da *Comunidade Conscienciológica Cosmoética Internacional* (CCCI).

03. **Cessão:** a celebração do *termo de cessão de direitos autorais* entre a Editora e o(s) autor(es)/organizador(es).

04. **Confor:** a revisão conformática (conteúdo e forma).

05. **Linguística:** a revisão linguístico-textual.

06. **Diagramação:** o projeto gráfico e a diagramação.

07. **Catalogação:** a elaboração da ficha de catalogação (Dados Internacionais de Catalogação na Publicação – CIP).

08. **ISBN:** a solicitação do registro *International Standard Book Number*.

09. **Orçamentos:** a solicitação de orçamentos às gráficas para impressão.

10. **Prova:** a impressão do boneco *(layout)* preliminar mostrando a posição das ilustrações, textos e outros elementos, conforme aparecerão no produto impresso, se for o caso.

11. **Ajustes:** a realização de correções e ajustes antes da finalização.

12. **Finalização:** a análise final e liberação para impressão.

13. **Impressão:** a autorização de impressão definitiva, se for o caso.

14. **Lançamento:** a apresentação pública e distribuição.

15. **Doação:** a cessão de exemplares da obra para o Holociclo e Holoteca (CEAEC), Holomemória (UNICIN) e UNICIN.

16. **Depósito:** o armazenamento da obra no repositório institucional e o envio à Biblioteca Nacional.

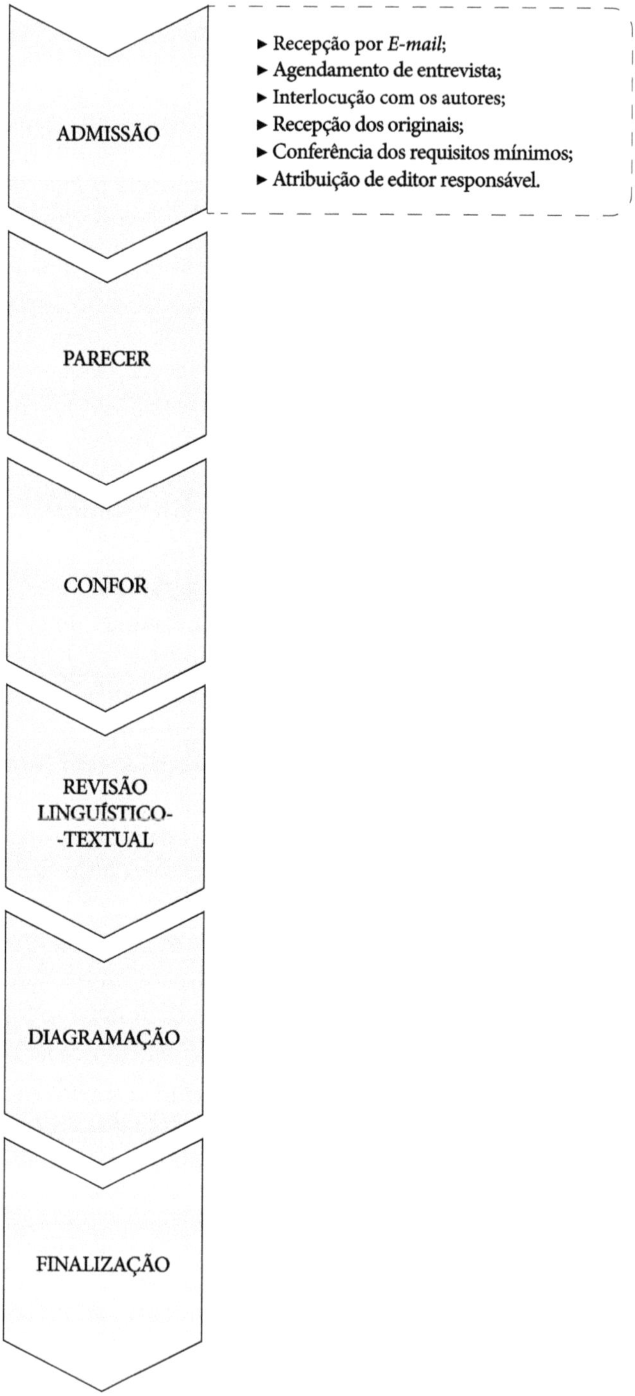
ADMISSÃO
► Recepção por *E-mail*;
► Agendamento de entrevista;
► Interlocução com os autores;
► Recepção dos originais;
► Conferência dos requisitos mínimos;
► Atribuição de editor responsável.
PARECER
CONFOR
REVISÃO LINGUÍSTICO--TEXTUAL
DIAGRAMAÇÃO
FINALIZAÇÃO

5. Admissão da Obra

5.1. Entrevista para Recebimento dos Originais

Contato. Os autores interessados em publicar obras devem contactar a EDITARES pelo *E-mail:* publiqueseulivro@editares.org, mencionando o título e os nomes de todos os autores envolvidos na escrita.

Entrevista. A partir desse contato inicial, é marcada a entrevista para a recepção dos originais, à qual comparecerão 1 membro do *Conselho Editorial* (entrevistador), acompanhado de, pelo menos, mais 1 voluntário, além do(s) autor(es).

Formulário. Durante a entrevista, a interlocução com o(s) neoautor(es) permitirá ao entrevistador colher as informações e preencher o formulário de recepção.

Recebimento. Os originais precisam ser entregues em 3 vias encadernadas e o texto deverá conter, obrigatoriamente, no mínimo, os 5 seguintes elementos, em ordem funcional:

1. **Sumário:** a sequência de seções (partes), capítulos e subseções constituindo a obra.
2. **Introdução:** o preâmbulo do autor esclarecendo o propósito da obra.
3. **Conteúdo:** a disposição em capítulos do conteúdo da obra, em consonância com o Sumário.
4. **Conclusão:** as asserções finais acerca do conteúdo exposto.
5. **Bibliografia:** as listas de fontes bibliográficas, webgráficas, filmográficas e / ou de outra natureza, consultadas ou referenciadas no texto.

Informação. Cumpre ao editor encarregado da entrevista abordar 6 questões com o(s) neoautor(es), em ordem funcional:

1. **Esclarecimento:** quanto às expectativas relacionadas aos pareceres tarísticos da obra.
2. **Ciência:** quanto à necessidade dos *feedbacks* amparados ao autor para incremento da gestação consciencial.
3. **Desdramatização:** quanto à necessidade de várias revisões de conteúdo e forma (confor) até a finalização criteriosa do livro.
4. **Previsão:** quanto ao tempo estimado (não peremptório) de edição da gescon.
5. **Informação:** quanto às modalidades de publicação.
6. **Explanação:** quanto ao investimento financeiro relacionado à publicação da obra.

5.2. Pré-avaliação

Apreciação. O editor entrevistador, havendo recebido os originais, fará análise prévia breve quanto à forma e ao conteúdo, priorizando:

1. **Diagnóstico:** acerca da qualidade de impressão e legibilidade.
2. **Verificação:** da presença dos elementos componentes mínimos integrantes da obra.
3. **Validação:** acerca da pertinência do tema sendo proposto, quanto ao interesse para a pesquisa conscienciológica.

Admissão. Satisfazendo minimamente os requisitos apontados, a obra será considerada *passível de admissão* no Fluxo Editorial.

Notificação. O editor entrevistador notificará ao *Conselho Editorial* a recente aprovação.

Desacordo. Havendo discordâncias da parte do editor entrevistador em relação aos requisitos mínimos solicitados para ingresso da obra no fluxo, o Conselho deverá, da mesma forma, ser notificado a ratificar esse posicionamento e a obra, eventualmente, poderá retornar ao(s) autor(es), que avaliarão a disposição ou não de efetuar os ajustes necessários para futura ressubmissão.

5.3. Atribuições do Editor Responsável por Obra

Supervisão. Considerada *admitida* no fluxo editorial, a obra terá a supervisão de um editor, membro do Conselho, responsável por acompanhar todo o processo de produção.

Atribuição. Compete ao editor designado as 10 atribuições, em ordem lógica:

01. **Notificar:** ao(s) autor(es) que acompanhará a produção da obra, esclarecendo que a etapa do *Parecer* será a definitiva quanto à decisão da EDITARES de acolher ou não o texto.

02. **Esclarecer:** ao(s) autor(es) que a EDITARES não tem por objetivo a preceptoria de escrita, da qual se incumbe outra *Instituição Conscienciocêntrica* – a *União Internacional de Escritores da Conscienciologia* (UNIESCON).

03. **Informar:** ao(s) autor(es) acerca de todas as etapas do fluxo revisional.

04. **Eleger:** em comum acordo com o(s) autor(es), os revisores, internos ou externos à EDITARES, em todas as etapas do fluxo editorial, encaminhando-lhes os textos e interagindo com eles até que se cumpram os objetivos de cada fase.

05. **Zelar:** pela observância aos prazos junto aos revisores, notificando-os periodicamente acerca das proximidades de término.

06. **Mediar:** as reuniões de devolutivas, nas quais os revisores interagem diretamente com o(s) autor(es), orientando-o(s) quanto aos ajustes necessários a serem empreendidos na obra.

07. **Auxiliar:** o(s) autor(es) a empreender as modificações solicitadas pelos revisores, ponderando sempre sobre a exequibilidade e pertinência das soluções apontadas.

08. **Verificar:** em cada etapa, se foram atendidos os requisitos indicados pelos revisores, antes de encaminhar a obra à fase seguinte do fluxo editorial.

09. **Atualizar:** o registro interno da obra no sistema de catalogação de obras em produção a cada modificação.

10. **Relatar:** periodicamente ao *Conselho Editorial* acerca do andamento da obra.

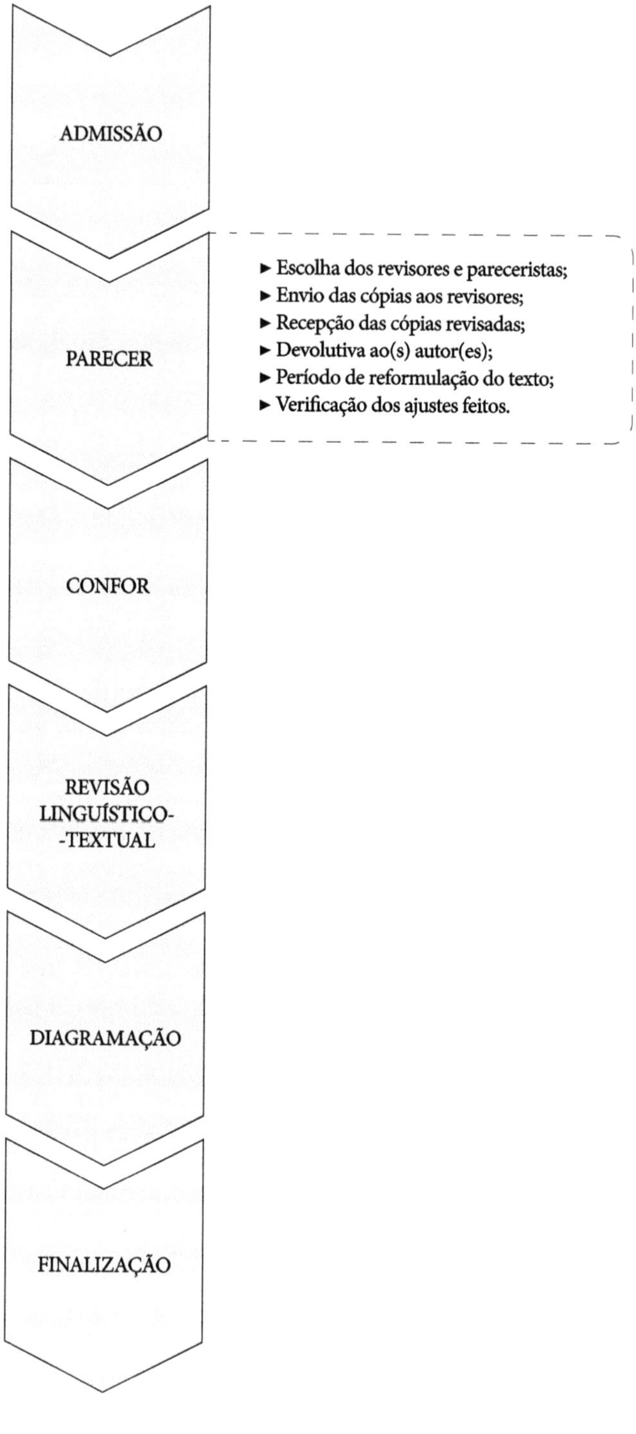
ADMISSÃO
PARECER
► Escolha dos revisores e pareceristas;
► Envio das cópias aos revisores;
► Recepção das cópias revisadas;
► Devolutiva ao(s) autor(es);
► Período de reformulação do texto;
► Verificação dos ajustes feitos.
CONFOR
REVISÃO LINGUÍSTICO-
-TEXTUAL
DIAGRAMAÇÃO
FINALIZAÇÃO

6. Parecer

6.1. Visão Geral

Definição. O *parecer de obra* é a manifestação de opinião fundamentada acerca do conteúdo e da estrutura da obra, emitida pelo parecerista, homem ou mulher, especialista ou perito em determinado assunto ou com reconhecidas habilidades e experiência para responder à consulta da editora, visando subsidiar decisão futura acerca da continuidade no fluxo editorial até a publicação.

Síntese. O parecer concernente à EDITARES é a avaliação realizada por especialista ou com notória experiência na temática da obra proposta, elencando os pontos fortes e fracos, analisando-a do ponto de vista conteudístico e o alinhamento com o *corpus* de conhecimento da Neociência Conscienciologia, a partir da Política Editorial vigente.

Originais. A primeira versão da obra, encaminhada à editora, é denominada de "originais", material sobre o qual os pareceristas convidados realizarão a primeira avaliação geral.

Utilidade. Por meio do parecer, o autor fica ciente sobre aspectos a melhorar no próprio texto e aqueles já em nível de excelência, além de ter uma perspectiva da coesão com a linha editorial, notadamente o desenvolvimento embasado pelo paradigma consciencial.

Forma. Nesta fase do parecer, a primeira no sequenciamento do fluxo editorial, não é realizada a revisão fina, minuciosa, na forma da obra (ortografia, pontuação, cacofonia). Entretanto, os pareceristas podem verificar eventuais erros na forma ou vícios de linguagem, os quais podem dificultar o entendimento ou gerar interpretação dúbia do conteúdo.

Leitura. Norteado pelo *princípio da interassistência,* o parecerista é convidado a realizar a leitura crítica de *toda* a obra para obter a visão de conjunto acerca do objetivo proposto pelo autor. Ao longo da leitura, também é sugerido que assinale diretamente nos originais as marcas de revisão heterocrítica de conteúdo e forma, com o foco na melhor abordagem assistencial (didática, objetiva e pontual) para ajudar o autor a corrigir os erros encontrados, apontando soluções práticas.

6.2. Orientação ao Parecerista

Roteiro. A EDITARES propõe aos pareceristas, ao modo de sugestão, roteiro para a apreciação dos originais, a partir de 2 grandes eixos – a *Apreciação Geral da Obra* e a *Estrutura Geral*, respectivamente desenvolvidos nos 20 aspectos listados em ordem lógica:

01. **Fundamentação.** Os argumentos estão embasados no paradigma consciencial? Há fidedignidade aos conceitos, neologismos, teorias, técnicas e abordagens da Conscienciologia? Caso negativo, especifique:

a. **Abordagem.** A obra apresenta abordagens moralistas, demagógicas, eufemísticas ou melífluas?

b. **Autovitimização.** Há autovitimizações no texto?

c. **Apologia.** A obra faz alguma apologia anticosmoética?

d. **Natureza.** A obra é de natureza religiosa, dogmática, doutrinária, demagógica, mística ou esotérica, artística, ficcional, romanceada ou literária (contos, fábulas, poesias)?

02. **Público-alvo.** A quais leitores a obra se destina: jejunos em Conscienciologia, intermissivistas iniciantes, intermissivistas veteranos?

03. **Originalidade.** A obra oferece contribuições originais? No texto predominam repetições de outros livros? O livro é uma releitura de outros livros? O livro é uma *colcha de retalhos* de outros livros?

04. **Aprofundamento.** A obra aborda o tema proposto de modo superficial ou aprofundado?

05. **Teática.** A obra é teática ou há excesso de elucubrações filosóficas sem teor prático? Há afirmações peremptórias ou radicalismos no texto?

06. **Argumentação.** A argumentação do autor é sólida, lógica, coerente, didática e embasada em fatos / parafatos?

07. **Didática.** O autor consegue conduzir o leitor em linha de raciocínio linear, crescente ou lógica?

08. **Objetivos.** Os objetivos propostos foram atingidos ao longo da obra?

09. **Descrenciologia.** A obra convida o leitor a praticar o *princípio da descrença?*

10. **Especialidade.** A obra possui especialidade conscienciológica explicitada ao final? Caso afirmativo, está coerente? Caso negativo, qual a sugestão?

11. **Equívocos.** Há conceitos, termos ou ideias equivocadas, erradas ou incorretas? Quais?

12. **Omissões.** Há assuntos, ideias, argumentos, exemplos ou conceitos sobre a temática da obra que *não* foram devidamente abordados? Há omissões deficitárias? Quais?

13. **Plágio.** Há ideias, conceitos, pensamentos, frases e técnicas de outros autores / livros mencionados e não referenciados? Quais?

14. **Título.** O título da obra está coerente com o conteúdo? Ele se aplica ao subtítulo?

15. **Introdução.** A introdução apresenta adequadamente o tema, a estrutura, os objetivos e a metodologia empregada no livro?

16. **Capítulos.** Os capítulos são adequados e coerentes com o objetivo da obra? Há capítulos deslocados ou desconectados?

17. **Ordem.** A ordem dos capítulos é didática? Poderia melhorar a ordem?

18. **Encadeamento.** Há conexão lógica entre as partes que compõem a obra? Há encadeamento lógico entre os capítulos, parágrafos e frases? Há ideias ou pensamentos soltos, desconectados uns dos outros?

19. **Equilíbrio.** Os diferentes temas e capítulos são abordados com igual profundidade? Há capítulos / temáticas muito extensos em relação a outros?

20. **Conclusão.** A obra possui conclusão? Os argumentos conclusivos são consistentes e estão encadeados com os conteúdos expostos nos capítulos?

Devolutiva. Concluídos os pareceres, a equipe da EDITARES, por meio do editor ou editora da obra proposta, organiza e faz a mediação da devolutiva dos pareceres ao autor ou autores, etapa a ser melhor detalhada em item subsequente.

6.3. Perfil de Parecerista

Definição. O *perfil de parecerista* é o conjunto de traços conscienciais, traf*o*res ou habilidades capazes de tornar alguém apto à consecução das tarefas relativas à apreciação fundamentada sobre obra escrita original, ainda não publicada.

Características. Eis, em ordem alfabética, 18 traços ou atributos, não exaustivos, passíveis de compor o perfil de parecerista de obra conscienciológica:

01. **Abertismo consciencial.**
02. **Autoconfiança intelectual.**
03. **Autorganização revisiológica.**
04. **Autossinalética energética parapsíquica.**
05. **Autossustentabilidade energética.**
06. **Comprometimento tarístico.**
07. **Comunicabilidade.**
08. **Conhecimento do paradigma consciencial.**
09. **Criticidade cosmoética.**
10. **Curiosidade pesquisística.**
11. **Detalhismo.**
12. **Disponibilidade interassistencial.**
13. **Especialismo conscienciológico:** a importância de pelo menos 1 dos pareceristas ser especialista na temática da obra em análise.
14. **Exaustividade.**
15. **Generalismo conscienciológico.**
16. **Gosto pela grafoassistência.**
17. **Leitor de obras conscienciológicas.**
18. **Visão de conjunto.**

6.4. Devolutiva de Parecer

Definição. A *devolutiva de parecer* é a reunião de retorno para o autor, ou autores, da apreciação geral dos pareceristas sobre a obra proposta, mediada pelos integrantes do *Conselho Editorial,* com objetivo de auxiliar na qualificação ou ainda fundamentar a avaliação de não alinhamento à política editorial da EDITARES.

Reunião. A devolutiva do parecer, assim como de outros retornos ao autor, durante o fluxo editorial, tem características ao modo das 9 listadas, em ordem alfabética:

1. **Abordagem.** A apreciação da obra tem caráter traf*o*rista, visando ressaltar os traços-força, porém sem omitir os traf*a*res, incongruências e outras vulnerabilidades gesconográficas.
2. **Campo.** A formação de campo interassistencial, fraterno e mentalsomático, que ocorre na devolutiva de parecer, favorece a compreensão do autor no entendimento às heterocríticas formuladas e a comunicação clara sem equívocos.
3. **Diálogo.** O método utilizado para a devolutiva é o diálogo entre autor e parecerista, podendo ocorrer a devolução de cada parecer ou o entrosamento dos dois pareceres, havendo assim o reforço e complementação das observações dos pareceristas.
4. **Equipex.** A presença de equipex de função ocorre devido ao caráter multidimensional da obra, a intencionalidade tarística e a interassistência mentalsomática.
5. **Fundamentação.** As heterocríticas formuladas pelos pareceristas devem ser fundamentadas por escrito antecipadamente, conforme modelo de parecer técnico, e comunicadas verbalmente durante a reunião, havendo explicitação e detalhamento das questões.
6. **Holopensene.** A mentalsomaticidade interassistencial é o holopensene característico da devolutiva de parecer, conforme o trinômio acolhimento-orientação-encaminhamento.
7. **Mediação.** O papel do mediador ou mediadores é o de epicentrar a reunião contribuindo na manutenção do padrão hígido, na facilitação dos diálogos e no esclarecimento de possíveis equívocos na intercomunicação.
8. **Oportunidade.** A apreciação do parecerista é oportunidade ímpar para o autor verificar o efeito da obra sobre o especialista ou generalista, enquanto primeiro leitor técnico com olhar qualificado.
9. **Sugestão.** As heterocríticas do parecerista podem vir acompanhadas de sugestões visando contribuir para a qualificação da obra.

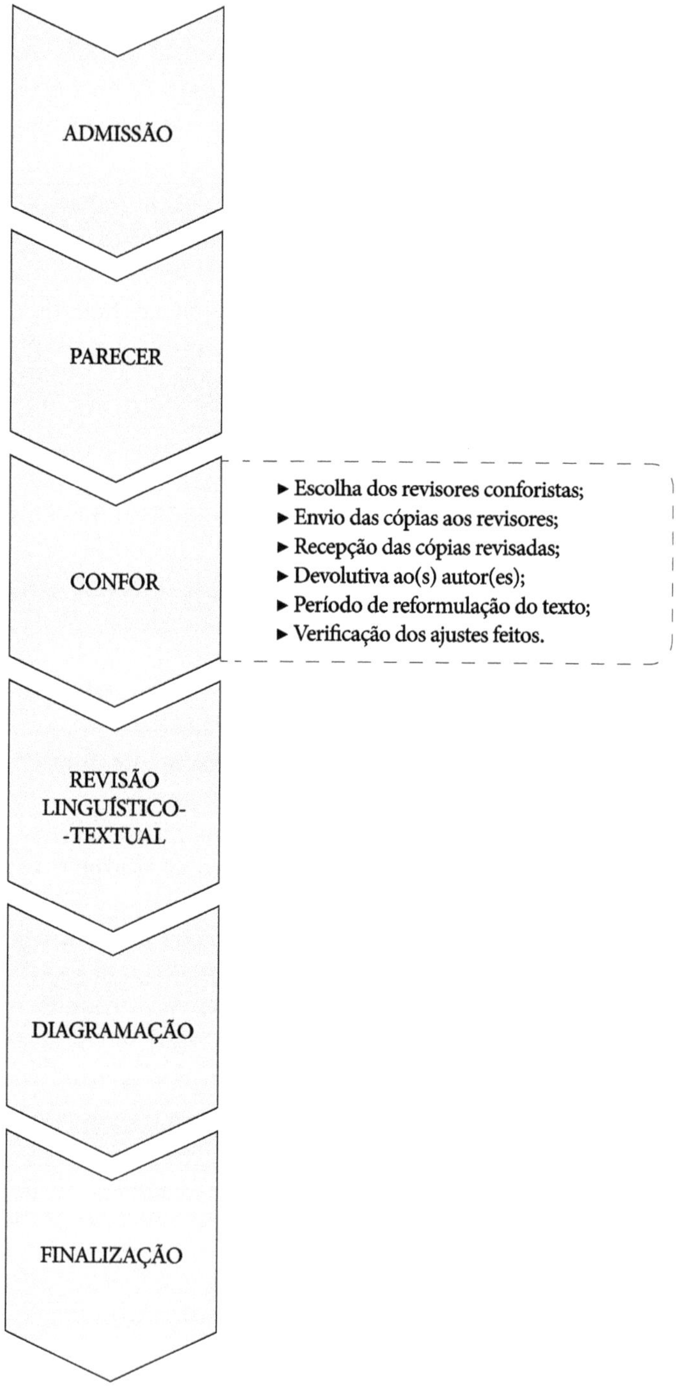
ADMISSÃO
PARECER
CONFOR
► Escolha dos revisores conforistas;
► Envio das cópias aos revisores;
► Recepção das cópias revisadas;
► Devolutiva ao(s) autor(es);
► Período de reformulação do texto;
► Verificação dos ajustes feitos.
REVISÃO LINGUÍSTICO-
-TEXTUAL
DIAGRAMAÇÃO
FINALIZAÇÃO

7. Revisão de Confor

7.1. Objetivos

Correção. Finalizadas as correções do(s) autor(es) indicadas pelos revisores da etapa de parecer, o editor responsável encaminhará o texto atualizado à próxima etapa do fluxo revisional – a revisão de confor.

Requisito. O *conforista* (revisor de confor) precisa ser conscin experiente não apenas em leitura, mas igualmente em escrita conscienciológica, habituada à redação de artigos, verbetes da *Enciclopédia da Conscienciologia* e / ou livros.

Avaliação. A *revisão de confor* tem o propósito de avaliar a qualidade da integração entre conteúdo e forma na obra. É fundamental para tanto que o texto seja lido *integralmente* pelo revisor, verificando se atende ao objetivo proposto pelo autor.

Heterocrítica. Ao longo da leitura, o revisor de confor deve assinalar, nos originais recebidos, as marcas de revisão heterocrítica de conteúdo e forma, observando os seguintes pontos:

1. **Delimitação.** Estabelecer clara distinção entre correção e sugestão, por exemplo, adotando canetas de cores diferentes ou mencionando explicitamente a categoria da anotação feita.
2. **Precisão.** Fornecer indicações precisas dos pontos a serem ajustados, apontando soluções práticas e exequíveis.
3. **Assertividade.** Evitar marcações vagas, sem fornecer ao autor indicações precisas de reformulação; por exemplo. pontos de interrogação isolados, reticências.
4. **Assistência.** Refletir sobre a melhor abordagem assistencial, esclarecendo o autor, mediante as sugestões dadas, a como reelaborar as passagens que necessitem de reformulação.

7.2. Avaliação

Análise. Eis 14 tópicos a serem avaliados pelo revisor de confor, relacionados em ordem funcional:

01. **Estilística.** Avaliar se o texto tem estilo uniforme, padronizado e coerente, detectando mudanças súbitas de um ponto a outro. Pontuar se a linguagem é clara ou rebuscada, confusa ou hermética, científica ou literária.

02. **Discurso.** Avaliar se a pessoa do discurso é mantida ao longo da obra (1ª, 2ª ou 3ª pessoa) ou se, havendo troca, a mesma é coerente com as especificidades do conteúdo abordado.

03. **Ambiguidades.** Assinalar frases, conceitos ou parágrafos que sejam ambíguos, obscuros, mal formulados ou mal escritos.

04. **Redação.** Verificar se a obra apresenta coerência e coesão textuais, assinalando eventuais erros de estrutura, vícios de linguagem, erros de digitação ou cacofonias.

05. **Omissões.** Detectar se há fontes essenciais pertinentes ao tema da obra que *não* foram citadas / utilizadas na bibliografia.

06. **Repetições.** Identificar, se houver, trechos, ideias, temáticas que se repetem desnecessariamente ao longo do livro.

07. **Desatualizações.** Indicar se há fatos, dados, datas, estatísticas e / ou pontoações desatualizadas ou defasadas.

08. **Pontuação.** Verificar se há muitas frases longas e parágrafos imensos de difícil interpretação, que necessitam ser fracionados em unidades menores para melhor compreensão do texto.

09. **Vocabulário.** Analisar a qualidade do vocabulário utilizado, atentando para o adequado recurso às sinonímias e aos neologismos conscienciológicos.

10. **Enumerações.** Conferir se as enumerações existentes são didáticas, exaustivas e bem empregadas ou enfadonhas, excessivas, ambíguas e / ou repetitivas.

11. **Arcaísmos.** Identificar as expressões arcaicas usadas no texto (exemplo: holochacra), sugerindo, quando pertinente, a substituição por neologismos equivalentes. Nem sempre o arcaísmo é indesejável e o revisor deve saber avaliar quando a mudança se faz necessária.

12. **Citações.** Avaliar a pertinência das citações internas (a outros livros, autores, *sites* ou fontes), conforme os padrões estabelecidos em capítulo específico desta obra. É importante observar se há excesso de

citações, transparecendo que o autor delega a outras fontes a responsabilidade sobre a informação veiculada.

13. **Remissões.** Conferir se há padrão das remissões intercapitulares, ou seja, a maneira pela qual o autor indica ao leitor outros capítulos na obra a serem consultados.

14. **Referências.** Avaliar criteriosamente as referências bibliográficas, filmográficas, infográficas etc., verificando se seguem única formatação. Identificar qual norma empregada: *Bibliografia Específica Exaustiva* (BEE), ABNT ou outra, conferindo se há omissões de dados nas fontes.

7.3. Orientações quanto ao Estilo

Uniformidade. O revisor de confor deve identificar, na leitura, o estilo pretendido pelo autor ao longo da obra, verificando se o mesmo é mantido ao longo do texto ou se há quebra na proposta adotada, considerando as 3 variantes, em ordem lógica:

1. **Estilo livre:** parágrafos sem epígrafes em negrito.
2. **Estilo apostilhado:** parágrafos com epígrafes em negrito.
3. **Estilo neoenciclopédico:** restrição do estilo apostilhado, onde o texto contém parágrafos com epígrafes em negrito, observando estritamente as indicações verbetográficas da *Enciclopédia da Conscienciologia*.

Especificação. No caso de estilo apostilhado ou neoenciclopédico, cumpre avaliar as 3 seguintes variáveis, em ordem lógica:

1. **Abrangência:** a manutenção aproximada de 1 assunto por parágrafo, sugerindo eventuais quebras e possíveis novas epígrafes àqueles considerados extensos demais.
2. **Epigrafia:** a adequação de cada epígrafe em negrito, observando se constitui síntese clara do conteúdo do parágrafo que encabeça.
3. **Concisão:** o uso preferencial de, no máximo, uma palavra em epígrafes.

Precisão. No caso de opção pelo estilo neoenciclopédico, o revisor deverá verificar especialmente o confor dos sublinhamentos e das enumerações verticais, observando 3 requisitos:

1. **Coerência enunciativa:** a menção à quantidade de itens elencados; a menção à natureza ou categoria dos itens enumerados, preparando o leitor para a correta abordagem aos itens; a menção à ordem sob a qual os itens serão explicitados (alfabética, lógica, funcional, dentre outras).

2. **Regularidade enumerativa:** a escolha consistente das epígrafes negritadas em relação à natureza ou categoria prevista no enunciado. Por exemplo, se o enunciado prevê enumerar 5 traf*o*res, as epígrafes devem naturalmente referir-se a traf*o*res.

3. **Conformidade enumerativa:** a escolha consistente das separações entre epígrafes e preenchimentos. Se o autor usa dois pontos em negrito (:) após a epígrafe, o preenchimento deve constituir-se de frases complementares à epígrafe, considerando-a elemento participativo do detalhamento feito; além disso, o ponto final deverá também ser em negrito. Por outro lado, se o autor usa ponto (.) em negrito após a epígrafe, a redação do preenchimento é mais livre, sendo a epígrafe apenas elemento sintético; nesse caso, o ponto final não será em negrito.

EDITARES®

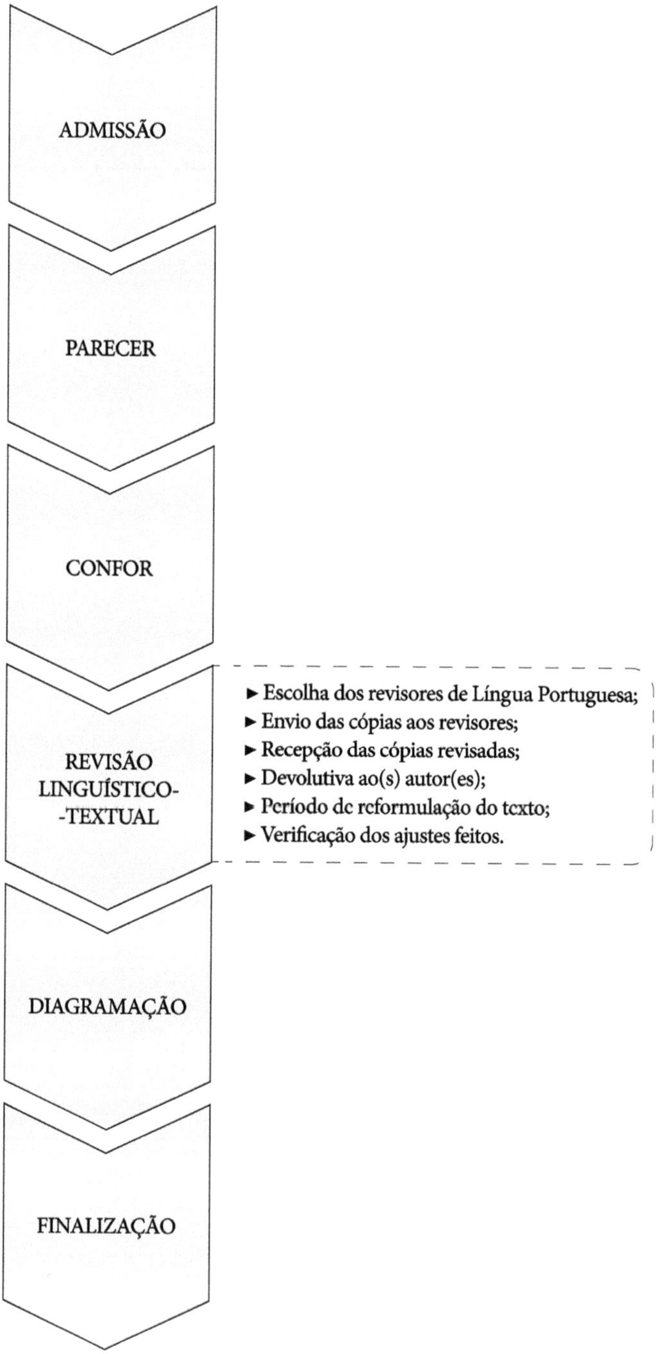
ADMISSÃO
PARECER
CONFOR
REVISÃO LINGUÍSTICO-
-TEXTUAL
► Escolha dos revisores de Língua Portuguesa;
► Envio das cópias aos revisores;
► Recepção das cópias revisadas;
► Devolutiva ao(s) autor(es);
► Período de reformulação do texto;
► Verificação dos ajustes feitos.
DIAGRAMAÇÃO
FINALIZAÇÃO

8. Revisão Linguístico-Textual

8.1. Panorâmica

Expertise. A *revisão linguístico-textual* dos originais é feita por equipe de voluntários especialistas nas normas da língua sob análise.

Análise. Trata-se de processo criterioso no qual o texto é revisado em seus aspectos ortográficos, sintáticos e semânticos, buscando deixá-lo livre de incorreções, além de mais fluido, claro, coerente e coeso.

Alterações. Eventuais propostas de mudanças no conteúdo da obra visam a melhorias no texto, do ponto de vista linguístico e da normalização, procurando expressar as ideias da melhor forma possível.

Correção. As sugestões são apreciadas pelo autor, podendo ser acatadas ou não. Caso haja alguma objeção do autor às modificações sugeridas pela equipe de revisão, a obra volta para os devidos ajustes. Se não houver necessidade de alterações, a obra segue para a etapa seguinte do fluxo editorial.

Regras. Todas as convenções gramaticais inerentes à produção de textos científicos em geral devem naturalmente ser observadas na produção conscienciológica estrita.

Especificidades. Entretanto, a *Conscienciografologia* apresenta peculiaridades bem documentadas, reunidas no *Manual de Redação da Conscienciologia* (VIEIRA, 2002).

8.2. Antiparasitismo

Parasitas. Eis as 4 categorais de *parasitas da linguagem*, definidas pelo propositor da Conscienciologia no tratado *Homo sapiens reurbanisatus* (VIEIRA, 2004, p. 27 e 28):

1. **Artigos indefinidos:** um (por extenso), uma, uns, umas.

2. **Combinações de preposição** (*em* com o artigo indefinido *um* e flexões): num, numa, nuns, numas.

3. **Partícula *que*:** em múltiplas classes gramaticais, empregada excessivamente por puro realce (expletiva).

4. **Pronomes possessivos:** meu, minha, meus, minhas; nosso, nossa, nossos, nossas; seu, sua, seus, suas; teu, tua, teus, tuas; vosso, vossa, vossos, vossas.

Ocorrência. A evitação do emprego de parasitas é estritamente observada em duas obras conscienciológicas referenciais:

1. ***Homo sapiens reurbanisatus:*** o tratado no qual o próprio conceito de parasitismo é introduzido.

2. ***Enciclopédia da Conscienciologia:*** a megagescon grupal.

Recomendação. Embora a eliminação dos parasitas não seja obrigatória nas obras produzidas na EDITARES, é indicada, quando possível, a minimização da ocorrência de tais elementos no texto, em especial nos casos de opção pelo estilo apostilhado.

8.3. Quantificação

Numerais. A enunciação de quantidades por meio de numerais no texto deve preferencialmente ser feita mediante a representação dos mesmos em algarismos, arábicos ou romanos, conforme exija o contexto.

Exceção. O feminino "duas" é grafado por extenso.

8.4. Tropos Técnicos

Recurso. Os *tropos* são recursos expressivos utilizados com a finalidade de abordar certa ideia de maneira não literal, substituindo-a por outra, não necessariamente assemelhada, com a qual guarda relação de analogia ou contiguidade.

Tecnicidade. Os Capítulos 134 e 135 do tratado *Homo sapiens reurbanisatus* (VIEIRA, 2004, p. 343 a 348) dedicam especial atenção à utilização dos tropos enquanto recurso tarístico, para além da abordagem puramente poética ou literária, com intuito de promover maior *rapport* comunicativo com o público interlocutor, ampliando a interassistência mediante o enriquecimento da expressividade.

Evitações. No contexto da tarefa do esclarecimento, cumpre utilizar sobriamente os tropos, evitando floreios, rebuscamentos excessivos, circunlóquios, hipérboles, ambiguidades ou outros quaisquer elementos prejudiciais à clareza e à objetividade da mensagem a ser veiculada.

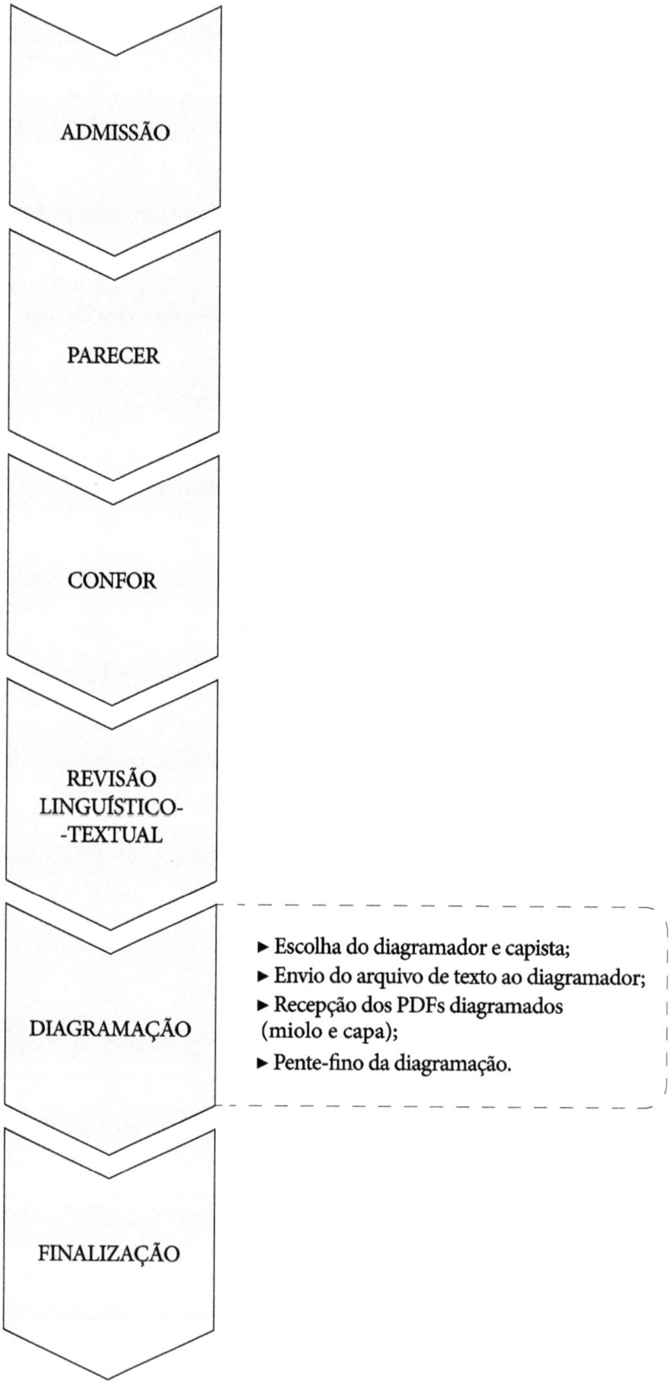
ADMISSÃO
PARECER
CONFOR
REVISÃO LINGUÍSTICO-
-TEXTUAL
DIAGRAMAÇÃO
► Escolha do diagramador e capista;
► Envio do arquivo de texto ao diagramador;
► Recepção dos PDFs diagramados (miolo e capa);
► Pente-fino da diagramação.
FINALIZAÇÃO

9. Diagramação

9.1. Escolha do Diagramador

Definição. O *diagramador* é a conscin incumbida da realização gráfica da obra, a partir dos originais previamente tramitados pelas 3 fases revisionais do fluxo editorial.

Categorias. Do ponto de vista da *Conscienciocentrologia,* distinguem-se duas modalidades de diagramadores:

1. **Voluntários:** aqueles vinculados ao voluntariado na EDITARES, que realizam a tarefa sem percepção de ganhos monetários.
2. **Externos:** aqueles não vinculados ao voluntariado na EDITARES, normalmente profissionais do ramo, cabendo ao(s) autor(es) a remuneração pelo serviço prestado.

Recomendação. Dadas as especificidades inerentes à editoração de obras conscienciológicas, no caso de opção por diagramador externo, a EDITARES incentiva a escolha de profissionais comprovadamente experientes quanto aos requisitos conformáticos, cabendo ao editor responsável a indicação dos mesmos.

Orçamento. Fica inteiramente sob responsabilidade do(s) autor(es) o custeio das despesas de diagramação, quando realizada por profissional do ramo, externo ao voluntariado.

Capa. O invólucro da obra pode ser elaborado pelo próprio diagramador ou por profissional específico (capista), cabendo ao(s) autor(es) a escolha.

9.2. Projeto Gráfico

Discussão. O *projeto gráfico* é o conjunto de decisões acordadas entre o(s) autor(es), o editor responsável e o diagramador, visando à materialização gráfica da obra.

Elementos. Eis, na ordem lógica, pelo menos 7 itens norteadores do processo de diagramação, a serem estabelecidos no projeto gráfico:

1. **Dimensionamento:** o tamanho das páginas do livro, buscando equacionar extensão e facilidade posterior de manuseio.
2. **Secionamento:** as opções gráficas quanto à explicitação do sequenciamento da estrutura hierárquica da obra (partes, capítulos, subseções).
3. **Paginação:** a extensão das margens; o posicionamento da mancha textual; a estrutura dos cabeçalhos e rodapés.
4. **Tipografia:** as fontes de caracteres utilizadas nos títulos e no texto.
5. **Ilustrações:** o posicionamento e acabamento das figuras ou complementos gráficos, bem como as respectivas legendas.
6. **Tabelas:** a padronização das tabelas.
7. **Índices:** a formatação dos indexadores da obra.

Supervisão. O editor responsável deve estar ciente de todas as decisões estabelecidas na fase do projeto gráfico, interferindo quando necessário para manter a sobriedade e o caráter científico exigidos nas publicações conscienciológicas, em especial no caso de diagramadores externos.

9.3. Diagramação

Molde. Consiste em receber o arquivo finalizado depois de todas as etapas, importando as informações para o *software* de editoração profissional. Nesse momento molda-se o texto, o que chamamos de diagramação.

Formatação. Existem muitos conceitos e preferências, e também, estudos indicando os tipos de formatação conforme o público direcionado.

Público. O público de destino das informações divulgadas caracteriza-se por níveis de instrução e de conhecimentos específicos diferenciados. Com base nos níveis de densidade e homogeneidade da instrução e do conhecimento específico, pode-se agrupar referido público para fins de produção da informação em linguagem adequada a cada um desses níveis.

Leitura. O êxito na leitura do texto é definido pelo grau em que o leitor consegue lê-lo à velocidade ótima, entendê-lo e interessar-se por ele.

Leitor. Em relação ao leitor, os fatores que mais afetam a capacidade de leitura são a idade, o grau de instrução e o hábito de leitura.

Espaçamento. Importa utilizar espaço considerável entre parágrafos para dar respiro, agrupar o texto e, com isso, evitar cansar os olhos do leitor e o embaralhamento mental, atentando aos ajustes óticos, à modulação vertical e horizontal, à espessura da linha, ao equilíbrio entre cheios e vazios, espaçamento entre letras, viúvas, forcas, órfãos, rios, dentes de cavalo (jargões técnicos).

Fluidez. O objetivo é sempre não impactar, nem chamar atenção (exceto quando proposital) para o leitor não quebrar o ritmo do raciocínio.

Margens. A margem interna (espaço do corpo do texto da página e a lombada) bem dimensionada evita a necessidade de forçar a abertura da página para a leitura. Deve-se também deixar espaço entre o texto e o fim da folha (as bordas) com equilíbrio conforme o tamanho da fonte e da página, sem causar sensação de estrangulamento.

Harmonia. A diagramação harmoniosa conduz o leitor ao prazer, à fluidez e não cansa ao longo do tempo.

Coloração. Também é importante a escolha do papel conforme o projeto. A leitura em papel *offset* branco ou pólen *soft* (cor creme) leva a experiências diferentes.

Espessura. É igualmente importante não usar papel muito fino, menos de 75 g/m^2 ou grosso demais, acima de 90 g/m^2, podendo comprometer o manuseio do livro.

9.4. Prova

Etapa. Após a diagramação e a composição da obra com os elementos pré e pós-textuais, os arquivos (capa e miolo) são encaminhados para confecção da prova (boneco).

Boneco. Em linguagem editorial, "o boneco" significa a primeira materialização em papel do resultado da diagramação, simulando aproximadamente a aparência final.

Finalidade. O boneco é usado para identificar e prevenir falhas que não foram ou não poderiam ser identificadas sem a geração do "protótipo".

Reajustes. Nele ainda se detectam ajustes ou correções da futura obra, eventualmente necessários, antes de ser encaminhada para impressão.

Capa. Utiliza-se também boneco da capa para prova de cores, tendo a ideia mais próxima do resultado final.

Pente-fino. A modificação do boneco é momento crítico, caso haja necessidade de ajustes, podendo comprometer boa parte do trabalho de diagramação. Alterações pontuais podem ter efeitos em cascata, exigindo a reconferência de espaços, viúvas, tabelas, sumário, bibliografia, índices (geográfico, onomástico, remissivo e outros), em benefício do encadeamento.

Gráfica. Após as correções no boneco e rediagramação, confere-se as correções no arquivo em formato PDF e encaminha-se para a gráfica para proceder à impressão da obra.

Finalização. Não havendo outros ajustes no arquivo, dá-se por finalizada a etapa de diagramação da obra.

EDITARES®

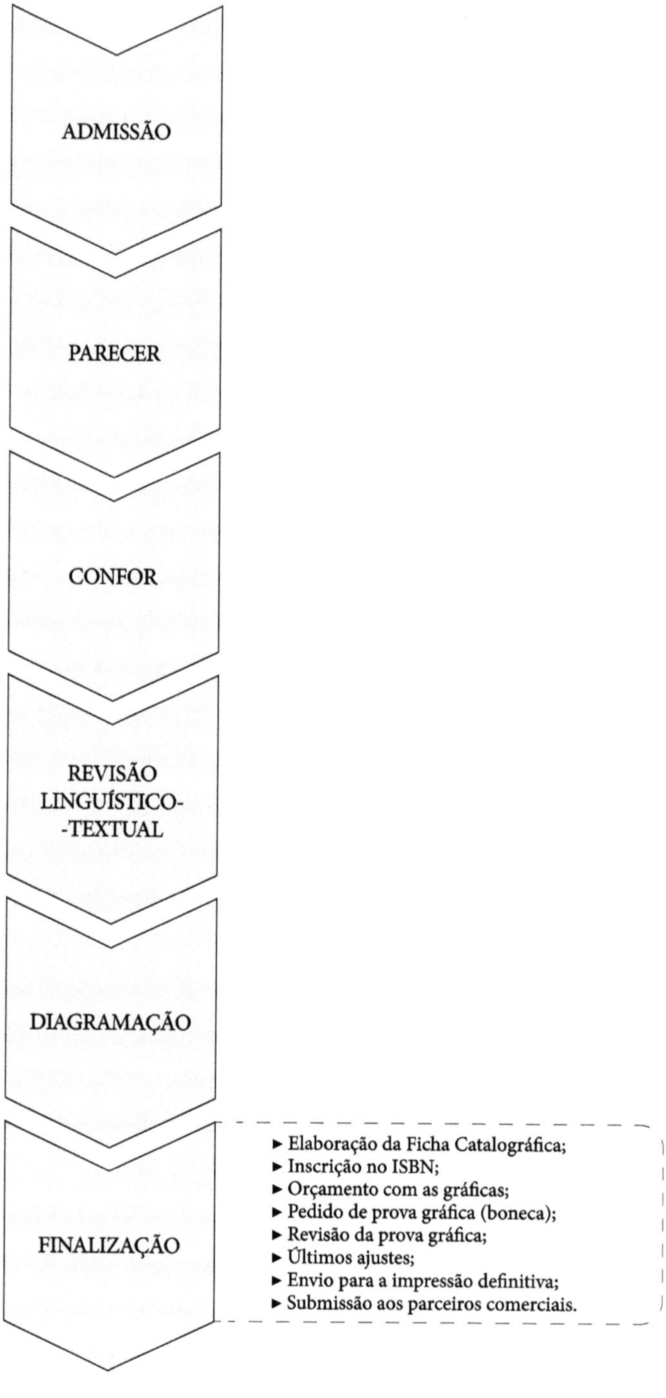
ADMISSÃO
PARECER
CONFOR
REVISÃO LINGUÍSTICO-
-TEXTUAL
DIAGRAMAÇÃO
FINALIZAÇÃO
► Elaboração da Ficha Catalográfica;
► Inscrição no ISBN;
► Orçamento com as gráficas;
► Pedido de prova gráfica (boneca);
► Revisão da prova gráfica;
► Últimos ajustes;
► Envio para a impressão definitiva;
► Submissão aos parceiros comerciais.

10. Finalização

10.1. Orçamento e Impressão da Obra

Gráficas. De posse do projeto gráfico e do número final de páginas da obra diagramada, são realizados orçamentos em pelo menos 3 gráficas para apresentar ao autor.

Escolha. Após a avaliação dos preços e prazos de pagamento, o autor escolhe o orçamento que mais lhe aprouver para a impressão da obra.

Detalhes. O editor deve esclarecer ao autor os detalhes da impressão da obra, contemplando, dentre outros, os 6 itens dispostos em ordem funcional:

1. **Capa:** os detalhes estéticos da capa, tais como verniz localizado, especificação CMYK, *pantone*®, brilho, fosco, dentre outros.
2. **Acabamento:** flexível, brochura, capa dura.
3. **Tipo do papel:** *offset*, pólen *soft*, pólen *bold*, *Reciclato*, *couché*.
4. **Guarda:** opção de haver guarda (proteção reforçando a capa) ou não.
5. **Lombada:** colada, costurada, redonda ou quadrada.
6. **Cores:** caso haja páginas com informações coloridas, será necessário indicar a quantidade e o(s) número(s) da(s) página(s), com o cuidado de situá-las em único bloco de dobra de papel para redução do custo.

Produção. Após a escolha da gráfica e ciente dos detalhes de impressão, o autor autoriza a produção da obra.

10.2. Revisão de Provas

Prova. A gráfica encaminha as provas (bonecos) de miolo e de capa para serem aprovados pelo autor. Nessa ocasião o editor faz novo pente-fino da obra.

Ajustes. Caso sejam identificados erros, são realizados ajustes e os arquivos são reenviados novamente ao site da gráfica.

10.3. Autorização para a Impressão da Obra

Impressão. A impressão da obra é realizada pela gráfica.

Pagamento. Nesta etapa é feito o pagamento da impressão da obra. O autor procede o depósito, a título de doação, na conta da EDITARES e esta faz o repasse para a gráfica.

Comprovante. O comprovante deve ser enviado para o *E-mail* financeiro1@editares.org.

10.4. Disponibilização para a Venda

Parcerias. A ampliação das parcerias com importantes *marketplaces,* nacionais e estrangeiros, promoveu o acesso às publicações pelos intermissivistas nos mais distantes rincões do Planeta.

Vantagem. A disponibilização de obras em parceiros eletrônicos diminui consideravelmente as necessidades de impressão e estocagem. A tiragem atual dos livros lançados atende às demandas de distribuição das obras e possibilita melhor gestão administrativo-financeira da IC.

Recebimento. Após o recebimento da obra impressa, o editor responsável faz nova conferência e autoriza a comercialização da obra.

Preço. O setor financeiro da editora calcula o preço de venda e libera a obra para a venda nos parceiros comerciais.

10.5. Parcerias com Lojas Físicas

Parceiros. A Editora mantém a venda em lojas físicas sob a modalidade de parceria em que as obras são enviadas em consignação. É mantido o acompanhamento periódico entre o volume remetido e as vendas efetivamente realizadas.

Livrarias. Fazem parte atualmente destas parcerias (Ano-base: 2021), as livrarias Epígrafe, Kunda e UmLivro.

10.6. Parcerias com *Marketplaces*

Tendência. Atenta às tendências mundiais do mercado editorial, a EDITARES investiu em novas modalidades de disponibilização das obras em diversos *marketplaces,* aumentando a capacidade de acesso dos leitores. Neste sentido eis, em ordem funcional, 4 modalidades de difusão passíveis de serem adotadas pela EDITARES:

1. ***Print on demand* (PoD).** A disponibilização da obra sob demanda, modelo em que o leitor compra no *site* dos parceiros, o livro é produzido na exata quantidade demandada e entregue no endereço indicado. Pode-se destacar, pelo menos, as 4 vantagens a seguir, em ordem funcional, de referida modalidade:
   a. **Estoque.** Redução do estoque físico na editora, eliminando a necessidade de espaços grandes para o armazenamento dos livros.
   b. **Preocupação.** Eliminação da preocupação com o esgotamento físico da obra, pois ela sempre estará disponível nos *sites* dos parceiros comerciais.
   c. **Acesso.** Ampliação do acesso aos leitores em qualquer parte do Planeta.
   d. **Economia.** Redução dos custos da editora com pessoal e logística para a venda, embalagem e entrega dos livros ao cliente.

2. ***E-book.*** Seguindo a evolução da leitura em *kindle, tablet, smartphone* e *notebook,* encontram-se disponíveis 42 obras em referida modalidade (Ano-base: 2021).

3. ***Portable document format* (PDF) acessível.** Adequando-se à acessibilidade digital, a editora está implementando o projeto que torna obras em PDF acessíveis aos deficientes visuais.

4. ***Audiobook.*** Outra modalidade de acessibilidade em desenvolvimento pela editora.

III.

Lançamento da Obra

11. Celebração Multidimensional

Definição. O *lançamento do livro* é o evento organizado pela editora e / ou parceiros comerciais com objetivo de divulgar e apresentar a obra e o(s) autor(es) para o público.

Relevância. O ato de lançar o livro é duplamente importante. Para a editora comemora-se a finalização de todo o trabalho do processo editorial materializado na publicação; para o autor é a chancela no completismo da gestação consciencial com anos de pesquisa, trabalho, empenho e dedicação na concretização da neoprodução conscienciológica.

Publicação. Tornar a obra oficialmente pública significa disponibilizá-la ao encontro dos leitores interessados no tema, sendo o lançamento o marco de posicionamento e responsabilização do autor quanto à própria escrita.

Efeito. A publicação de obra conscienciológica vinca, portanto, a passagem do escritor por esta vida humana crítica. *Descarta-se o soma, mas a obra permanece.*

Retribuição. A publicação do livro, em especial ao intermissivista, efetiva a prestação de contas em relação aos ganhos evolutivos proporcionados pela vivência do paradigma consciencial, sejam eles por meio das verpons ou das infraestruturas facilitadoras para o desenvolvimento gesconológico, usufruindo de suportes institucionais e conscienciais para materializar a obra.

Equipex. A obra interassistencial conta sempre com o apoio de equipe extrafísica interessada no crescimento evolutivo das consciências. Diante disso, o autor é o protagonista de obra, com apoio de vários coadjuvantes.

Fronteira. O lançamento é a última etapa editorial e a primeira etapa da divulgação tarística da obra, representando a celebração interdimensional, pois o autor compartilha com o público parte do próprio legado para a posteridade multiexistencial.

Lives. Devido ao anúncio de pandemia (Data-base: 11.03.2020) pela Organização Mundial da Saúde (OMS), a recomendação de evitar atividades presenciais com aglomeração de pessoas fez surgir a modalidade *online* de difusão de obras, por meio de *lives*.

Prévia. A antecipação do lançamento do livro geralmente ocorre no *Círculo Mentalsomático,* realizado no *Tertuliarium,* ambiente de debates do campus do *Centro de Altos Estudos da Conscienciologia* (CEAEC), aos sábados, no horário das 9h00 às 10h45.

Assentos. Didaticamente o Quadrante A da estrutura física destinada ao público participante em eventos no *Tertuliarium* é destinado exclusivamente aos autores de livros, autores de capítulos de livros ou verbetógrafos da *Enciclopédia da Conscienciologia* com mais de 50 verbetes defendidos.

Mérito. O autorando, ao atingir a neogescon e o neopatamar autoral, conquista o mérito de ocupar assento no Quadrante A do *Tertuliarium* (TELES, 2021).

12. Aspectos Operacionais

12.1. Facilitadores

Facilitadores. Segundo a *Interassistenciologia,* eis, em ordem alfabética, 13 fatores facilitadores encontrados na realização do evento de lançamento:

01. **Acolhimento.** Atuar com disposição íntima para o acolhimento do público presente, incluindo autores, convidados e familiares.

02. **Cerimonial.** Escrever no roteiro do cerimonial apenas o essencial, dispensando aberturas muito longas ou excesso de formalismos que engessam a solenidade, tornando-a demorada.

03. **Confiança.** Confiar mutuamente nos colegas de voluntariado inspira maior disposição em cooperar, compartilhar conhecimentos e comprometer-se com os resultados almejados.

04. **Criatividade.** Ser criativo, inovador e dinâmico, principalmente para beneficiar o evento. Equipes criativas conseguem desenvolver melhor as demandas e encontram soluções mais rápidas para os problemas.

05. **Equilíbrio.** Manter o equilíbrio íntimo ajuda a lidar com os momentos de conflitos de maneira assertiva, contribuindo para o desassédio da própria equipe.

06. **Flexibilidade.** Ter traquejo para lidar com os possíveis imprevistos, inclusive mudanças de última hora referentes ao texto do cerimonial.

07. **Heterocríticas.** Saber ouvir as reclamações e heterocríticas, com lucidez e discernimento, pois elas podem contribuir para reajustes necessários.

08. **Organização.** Organizar é fundamental para conquistar resultados positivos, pois ao especificar com objetividade e clareza, ao modo de *checklist,* o passo a passo de cada ação a ser realizada, facilita o desenvolvimento do evento, desde a programação geral, estratégias de divulgação e serviços necessários.

09. **Planejamento.** Planejar embasa toda a organização do evento, especificando as atividades, quando fazê-las e quem as realizará.

10. **Proatividade.** Ter espírito coletivo, com prontidão para ajudar os demais membros da equipe, assumindo as demandas e responsabilidades com entrega, empenho, lealdade e firmeza.

11. **Público.** Ter a estimativa do público para facilitar a organização do evento. Nesse sentido é fundamental a divulgação efetiva para atrair participantes, por meio de *banners,* vídeos, *lives, Facebook, Twitter, Instagram* ou até mesmo o *WhatsApp.*

12. **Respeito.** Respeitar as diferenças se faz essencial ao êxito do trabalho em equipe.

13. **Tra*fores*.** Aplicar os pontos fortes pessoais para beneficiar as demandas do grupo, com respeito mútuo às competências individuais.

12.2. Grupalidade em Eventos de Lançamento

Benefícios. Sob a ótica da *Evoluciologia,* eis, em ordem alfabética, 15 benefícios ao grupo, relativos à realização do evento:

01. **Aglutinação.** Possibilitar a chegada e acesso de outras consciências intermissivistas.

02. **Aprendizagem.** Gerar a troca enriquecedora de conhecimentos, experiências e informações.

03. **Assertividade.** Ajudar a promover comunicação mais assertiva.

04. **Assistencialidade.** Adquirir autoconfiança assistencial com mais tecnicidade.

05. **Autopesquisa.** Aprofundar a autopesquisa promovendo reciclagens íntimas.

06. **Cognição.** Possibilitar a ampliação cognitiva pessoal sobre diversas áreas.

07. **Cosmovisão.** Ampliar a visão das etapas necessárias, ou seja, ver além das próprias atividades, incluindo melhorias gerais e soluções mais estruturadas, facilitando o trabalho em equipe.

08. **Criatividade.** Fomentar a criatividade de modo a contribuir em vários aspectos do evento, com soluções inovadoras.

09. **Desassédio.** Encaminhar consciexes do grupo com demandas assistenciais.

10. **Expansão.** Contribuir para a difusão da Ciência Conscienciologia.

11. **Fraternismo.** Ampliar a Cosmoética e a empatia nas interrelações, desenvolvendo o amadurecimento consciencial.

12. **Grupalidade.** Possibilitar o desenvolvimento da grupalidade cosmoética evolutiva, com a vivência teática, promovendo a união, empatia, senso de grupo e respeito às diferenças.

13. **Neoautores.** Estimular os neoautores por meio do autexemplarismo do autor, ao compartilhar com o público a concretização da nova obra conscienciológica.

14. **Parapsiquismo.** Desenvolver e qualificar o parapsiquismo nas interrelações.

15. **Sinergismo.** Fortalecer interação sinérgica no grupo, com fraternismo.

IV.

Obras com Tratamento Específico

13. Obras em Língua Estrangeira

Tradução. A EDITARES possui setor internacional responsável pela edição e publicação de obras em língua estrangeira. Para publicar os livros, é necessário encaminhar para a editora os originais traduzidos e revisados em documento *Word*.

Revisão. A revisão de conteúdo obrigatoriamente precisa ser realizada pelo menos por 1 voluntário nativo no idioma correspondente ao publicado.

Procedimentos. Após receber a obra traduzida, cabe à EDITARES entrar em contato com o autor para explicar os procedimentos de publicação, conforme os 3 passos a seguir, em ordem funcional:

1. **Categoria.** Verificar qual tipo de publicação o autor deseja: impresso, *E-Book* ou *Print on Demand* (PoD).
2. **Custos.** Fazer o orçamento da diagramação e enviá-lo ao autor.
3. **Escolha.** Definir o diagramador.

Pós-textuais. Cabe à EDITARES enviar ao diagramador o texto traduzido e as páginas complementares referentes à obra.

Tradução. Os textos serão traduzidos conforme respectivo idioma do livro.

Ficha catalográfica e ISBN. Finalizado o pente-fino da diagramação, o editor responsável solicita a ficha catalográfica e o ISBN. A obra retorna ao diagramador para a inserção dos dados e reenvio ao editor para nova revisão com a finalidade de certificar-se se o miolo está finalizado.

Capa. Em geral, usa-se a mesma capa da edição em português. O texto é traduzido no idioma correspondente e a capa é feita pelo diagramador. Após a montagem, é enviada para o tradutor ou um voluntário nativo na língua para fazer a revisão, observando o texto e a existência de viúvas.

Distribuição. Com esse procedimento, é possível ampliar a distribuição da obra que pode ser adquirida por leitores de qualquer país. Para isto, basta acessar o *site* da *Amazon* e solicitar o livro.

Idiomas. A EDITARES tem *expertise* na publicação de livros nos idiomas alemão, espanhol, inglês e romeno.

14. Periódicos

Parcerias. Ampliando o leque assistencial, a EDITARES efetiva parcerias com outras *Instituições Conscienciocêntricas,* viabilizando a editoração de periódicos científicos.

Abrangência. No portfólio da EDITARES, consta a linha de periódicos composta pela revista Gescons, da própria Editora, assim como outras publicações feitas em parcerias.

Responsabilidades. As parcerias são firmadas contemplando os compromissos de cada parte:

A. **Do parceiro:**

01. **Conteúdo.** Seleção de artigos.
02. **Confor.** Revisão de conteúdo dos artigos.
03. **Gramática.** Revisão de português e outros idiomas, se houver.
04. **Tradução.** Tradução dos textos.
05. **Reexame.** Revisão de tradução.
06. **Diagramação.** Diagramação do periódico.
07. **Correção.** Revisão de diagramação.
08. **Dispêndio.** Pagamento da diagramação, se for o caso.
09. **Desembolso.** Pagamento de impressão, se houver.
10. **Revisão.** Revisão final de todo conteúdo.
11. **Cessão.** Termo de doação dos direitos autorais dos autores para a EDITARES.
12. **Doação.** Estoque e distribuição de exemplares para doação, se for o caso.
13. **Publicidade.** Divulgação dos periódicos por meio de atividades de itinerância e mídias sociais.

B. **Da EDITARES:**

01. **Detalhismo.** Pente fino da diagramação do periódico.
02. **Impressão.** Orçamentos e escolha de gráfica para impressão da revista, se houver. Sendo o custo da impressão por conta do parceiro.

03. **PoD.** Disponibilização da revista por serviço *Print on demand* (PoD) nos parceiros comerciais da EDITARES.

04. ***E-book.*** Disponibilização do *E-book,* se houver. Sendo o custo de diagramação para a referida modalidade por conta do parceiro.

05. **Distribuição.** Distribuição do periódico, caso haja a impressão custeada pelo parceiro.

06. **Exposição.** Inclusão do periódico no *site* da Editora e na lista de títulos publicados pela EDITARES constante ao final dos livros.

07. **Promoção.** Disponibilização de promoção do *E-book* a ser sorteado nos eventos de lançamento, se houver.

08. **Divulgação.** Divulgação do periódico em eventos de lançamento, em diferentes mídias sociais.

09. **Publicação.** Inclusão do periódico em todos os meios de divulgação da EDITARES (*site, Facebook, Instagram,* catálogo, etc).

10. **Precificação.** Definição do preço de capa.

11. **Tiragem.** Solicitação de tiragem nos parceiros comerciais da Editora, a preço de custo, para o *Conselho Editorial* do periódico, quando solicitado, ficando o custeio a cargo da IC parceira.

V.

Procedimentos Jurídicos

15. Aspectos Legais

15.1. Conceitos

Definição. Do ponto de vista legal, a *Associação Internacional EDITARES* é a *Instituição Conscienciocêntrica* (IC) conscienciológica, associação civil de direito privado, sem fins lucrativos, científica, educacional, político-apartidária, independente e universalista, dedicada à divulgação da ciência Conscienciologia e suas especialidades, regulada pelo respectivo Estatuto Social e normas legais pertinentes.

Objetivos. Conforme previsão estatutária, são 6 os objetivos da EDITARES:

1. **Pesquisa.** Pesquisar, estudar, experimentar, divulgar, promover e estimular investigações científicas em Conscienciologia, enfatizando a produção e difusão de publicações conscienciológicas, com o objetivo primordial de prestar assistência às pessoas de modo geral.
2. **Edição.** Editar, distribuir e vender livros, revistas, jornais, CDs, DVDs, *eBooks* e outros tipos de materiais impressos ou digitais em mídia eletrônica, no Brasil e no exterior.
3. **Publicação.** Fomentar e apoiar a produção e difusão de livros e publicações em geral.
4. **Estímulo.** Estimular a produção intelectual de autores no Brasil e no exterior, de obras científicas, culturais e conscienciológicas que tenham por objetivo a tarefa do esclarecimento.
5. **Incentivo.** Promover e incentivar o hábito da leitura e da escrita.
6. **Educação.** Educar e desenvolver pesquisadores e docentes para atuação no setor editorial da Conscienciologia.

Promoção. Para plena consecução dos objetivos estatutários, é necessária, em especial, a observação da legislação nacional correlata ao direito autoral.

15.2. Legislação Aplicável

Constituição Federal. O direito autoral é considerado direito fundamental e, portanto, considerado cláusula pétrea na atual Constituição Federal Brasileira, datada de 1988. Tal previsão encontra-se no Art. 5º, XXVII e XXVIII, destacando-se:

> XXVII - aos autores pertence o direito exclusivo de utilização, publicação ou reprodução de suas obras, transmissível aos herdeiros pelo tempo que a lei fixar;
>
> XXVIII - são assegurados, nos termos da lei:
>
> a) a proteção às participações individuais em obras coletivas e à reprodução da imagem e voz humanas, inclusive nas atividades desportivas;

STF. O Supremo Tribunal Federal, no julgamento da ADI 5.800, assim definiu direito autoral:

> O direito autoral é um conjunto de prerrogativas que são conferidas por lei à pessoa física ou jurídica que cria alguma obra intelectual, dentre as quais se destaca o direito exclusivo do autor à utilização, à publicação ou à reprodução de suas obras, como corolário do direito de propriedade intelectual (art. 5º, XXII e XXVII, da Constituição Federal). [ADI 5.800, rel. min. Luiz Fux, j. 8-5-2019, P, DJE de 22-5-2019]

Lei. A regulamentação da previsão dos direitos autorais é realizada através da Lei n. 9610/98. Essa apresenta definições no Art. 5º, destacando-se:

> I - Publicação - o oferecimento de obra literária, artística ou científica ao conhecimento do público, com o consentimento do autor, ou de qualquer outro titular de direito de autor, por qualquer forma ou processo.
>
> (...)
>
> IV - Distribuição - a colocação à disposição do público do original ou cópia de obras literárias, artísticas ou científicas, interpretações ou execuções fixadas e fonogramas, mediante a venda, locação ou qualquer outra forma de transferência de propriedade ou posse.

> (...)
>
> VIII - Obra:
>
> a) Em coautoria - quando é criada em comum, por dois ou mais autores.
>
> (...)
>
> d) Inédita - a que não haja sido objeto de publicação.
>
> e) Póstuma - a que se publique após a morte do autor.
>
> f) Originária - a criação primígena.
>
> g) Derivada - a que, constituindo criação intelectual nova, resulta da transformação de obra originária.
>
> h) Coletiva - a criada por iniciativa, organização e responsabilidade de uma pessoa física ou jurídica, que a publica sob seu nome ou marca e que é constituída pela participação de diferentes autores, cujas contribuições se fundem numa criação autônoma.

Autoria. O autor é pessoa física que cria a obra, contudo, a lei autoriza que a proteção concedida ao autor pode ser aplicada às pessoas jurídicas. A identificação do autor pode ser através de nome civil, completo ou abreviado, de pseudônimo ou qualquer outro sinal convencional.

Coautoria. Ao coautor são asseguradas todas as faculdades inerentes à criação de obra individual, com a vedação para questões passíveis de acarretar prejuízo à exploração da obra comum.

Auxílio. Nos termos da lei, não se considera coautor quem simplesmente auxiliou o autor na produção da obra literária, artística ou científica, revendo-a, atualizando-a, bem como fiscalizando ou dirigindo sua edição ou apresentação por qualquer meio.

Requisito. Tratando-se a EDITARES de Associação sem fins lucrativos, atuando através do voluntariado de seus membros, e, visando a sua autossutentabilidade, é requisitado ao autor a celebração do contrato de cessão de direitos autorais como condição para editoração.

Desassédio. Tal providência tem se mostrado elemento importante no desassédio do processo editorial e garantia da finalização da editoração em caso de situações adversas do autor.

15.3. Cessão de Direitos

Cessão. A celebração do contrato de cessão de direitos é realizada seguindo os ditames da legislação pertinente:

Da Transferência dos Direitos de Autor

> Art. 49. Os direitos de autor poderão ser total ou parcialmente transferidos a terceiros, por ele ou por seus sucessores, a título universal ou singular, pessoalmente ou por meio de representantes com poderes especiais, por meio de licenciamento, concessão, cessão ou por outros meios admitidos em Direito, obedecidas as seguintes limitações:
>
> I - A transmissão total compreende todos os direitos de autor, salvo os de natureza moral e os expressamente excluídos por lei.
>
> II - Somente se admitirá transmissão total e definitiva dos direitos mediante estipulação contratual escrita.
>
> III - Na hipótese de não haver estipulação contratual escrita, o prazo máximo será de cinco anos.
>
> IV - A cessão será válida unicamente para o país em que se firmou o contrato, salvo estipulação em contrário.
>
> V - A cessão só se operará para modalidades de utilização já existentes à data do contrato.
>
> VI - Não havendo especificações quanto à modalidade de utilização, o contrato será interpretado restritivamente, entendendo-se como limitada apenas a uma que seja aquela indispensável ao cumprimento da finalidade do contrato.
>
> Art. 50. A cessão total ou parcial dos direitos de autor, que se fará sempre por escrito, presume-se onerosa.
>
> § 1º Poderá a cessão ser averbada à margem do registro a que se refere o Art. 19 desta Lei, ou, não estando a obra registrada, poderá o instrumento ser registrado em Cartório de Títulos e Documentos.
>
> § 2º Constarão do instrumento de cessão como elementos essenciais seu objeto e as condições de exercício do direito quanto a tempo, lugar e preço.

Obras póstumas. As obras póstumas são as publicadas após a dessoma (falecimento) do autor. Para tanto, no âmbito da EDITARES, faz-se necessária a observação de 1 entre os 3 requisitos abaixo relacionados, dispostos em ordem de abrangência:

1. **Autor.** O autor conceder a cessão de direitos autorais à EDITARES antes da dessoma: nesse caso, há a possibilidade legal de publicação, uma vez que o contrato de cessão prevê a vinculação da vontade do autor aos seus sucessores.
2. **Sucessores.** Os sucessores do autor concedem a cessão de direitos autorais à EDITARES: nesse caso, não houve a assinatura formal dos direitos autorais pelo autor em vida, contudo os herdeiros sabedores do desejo do *de cujos*, resolvem assinar a respectiva cessão de direitos em favor da EDITARES.
3. **Público.** A obra já se encontra em domínio público: nesse caso, será necessário aguardar 70 anos após a dessoma do autor. Para contagem desse prazo, considera-se o primeiro dia do ano subsequente ao óbito.

Pessoalidade. O autor sempre será pessoa física, mas ele pode transferir os direitos autorais para pessoa jurídica. É o caso, por exemplo, de obra institucional, na qual os autores ou voluntários podem repassar a determinada *Instituição Conscienciocêntrica* (IC) os direitos autorais da obra. Essa IC poderá procurar a EDITARES para fazer a edição ou até mesmo outra editora.

Direitos morais. O autor faz a cessão de direitos patrimoniais à EDITARES, os direitos morais são por força de lei *inalienáveis e irrenunciáveis*, conforme recorte da Lei n. 9610/98, abaixo citada:

> Art. 22. Pertencem ao autor os direitos morais e patrimoniais sobre a obra que criou.
>
> Art. 23. Os coautores da obra intelectual exercerão, de comum acordo, os seus direitos, salvo convenção em contrário.
>
> Art. 24. São direitos morais do autor:
>
> I - O de reivindicar, a qualquer tempo, a autoria da obra.
>
> II - O de ter seu nome, pseudônimo ou sinal convencional indicado ou anunciado, como sendo o do autor, na utilização de sua obra.

> III - O de conservar a obra inédita.
>
> IV - O de assegurar a integridade da obra, opondo-se a quaisquer modificações ou à prática de atos que, de qualquer forma, possam prejudicá-la ou atingi-lo, como autor, em sua reputação ou honra.
>
> V - O de modificar a obra, antes ou depois de utilizada.
>
> VI - O de retirar de circulação a obra ou de suspender qualquer forma de utilização já autorizada, quando a circulação ou utilização implicarem afronta à sua reputação e imagem.
>
> VII - O de ter acesso a exemplar único e raro da obra, quando se encontre legitimamente em poder de outrem, para o fim de, por meio de processo fotográfico ou assemelhado, ou audiovisual, preservar sua memória, de forma que cause o menor inconveniente possível a seu detentor, que, em todo caso, será indenizado de qualquer dano ou prejuízo que lhe seja causado.
>
> § 1º Por morte do autor, transmitem-se a seus sucessores os direitos a que se referem os incisos I a IV.
>
> § 2º Compete ao Estado a defesa da integridade e autoria da obra caída em domínio público.
>
> § 3º Nos casos dos incisos V e VI, ressalvam-se as prévias indenizações a terceiros, quando couberem.
>
> Art. 27. Os direitos morais do autor são inalienáveis e irrenunciáveis.

Obras coletivas. Em obras coletivas, é necessária a cessão de direito de todos os autores para a EDITARES ou para determinada IC que poderá contratar a EDITARES.

Especificidades. Situações que envolvam conteúdos, manuais e procedimentos de ICs e não configurando obra institucional, a EDITARES adota protocolos paradiplomáticos utilizando a comunicação clara, objetiva e cosmoética entre as partes visando a convivência sadia e a interassistência multidimensional.

VI.

Estrutura da Obra

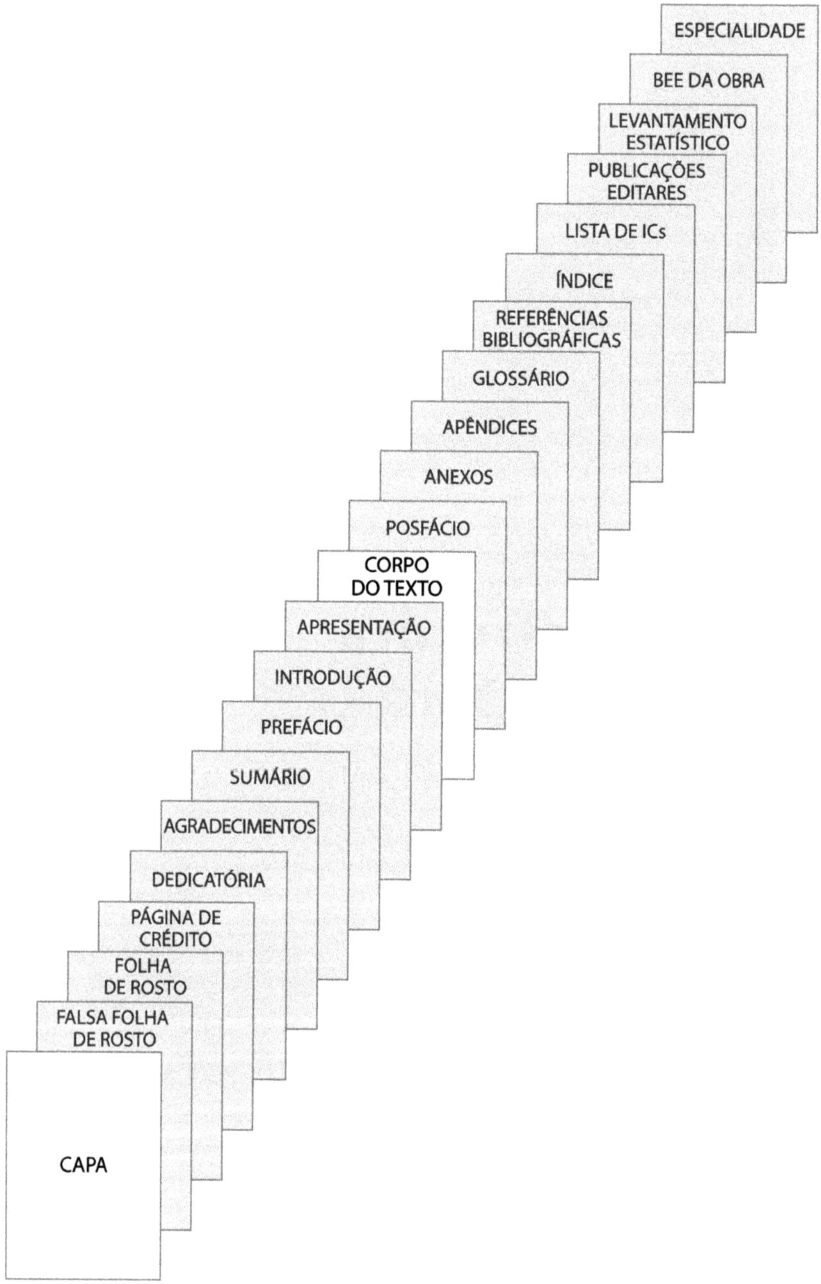
ESPECIALIDADE
BEE DA OBRA
LEVANTAMENTO ESTATÍSTICO
PUBLICAÇÕES EDITARES
LISTA DE ICs
ÍNDICE
REFERÊNCIAS BIBLIOGRÁFICAS
GLOSSÁRIO
APÊNDICES
ANEXOS
POSFÁCIO
CORPO DO TEXTO
APRESENTAÇÃO
INTRODUÇÃO
PREFÁCIO
SUMÁRIO
AGRADECIMENTOS
DEDICATÓRIA
PÁGINA DE CRÉDITO
FOLHA DE ROSTO
FALSA FOLHA DE ROSTO
CAPA

16. Quadro Sinótico

Síntese. O quadro sinótico apresenta os elementos que estruturam as obras, abordados nos Capítulos 17, 18 e 19:

Posição	Elemento	Obrigatório?
Pré-Textual	Falsa Folha de Rosto (Página 1)	✓
	Página do *Conselho Editorial* (Página 2)	✓
	Folha de Rosto (Página 3)	✓
	Página de Créditos (Página 4)	✓
	Dedicatória	
	Agradecimentos	
	Sumário	✓
	Prefácio	
	Introdução	✓
	Apresentação da Obra	
Textual	Seções (ou Partes)	
	Capítulos	✓
Pós-Textual	Posfácio	
	Apêndice	
	Anexo	
	Glossário	
	Referências Bibliográficas	✓
	Índices	
	Lista de *Instituições Conscienciocêntricas*	✓
	Histórico de Publicações da EDITARES	✓
	Levantamento Estatístico da Obra (Penúltima página)	✓
	Autorreferência Bibliográfica (Penúltima página)	✓
	Quadros: Especialidade e *Princípio da Descrença* (Última página)	✓
	Informações sobre a Tiragem Impressa (Última página)	✓

17. Elementos Pré-Textuais

Definição. Os *elementos pré-textuais* são os itens antecedentes ao conteúdo principal da obra e contribuem na identificação e utilização do livro.

Componentes. Nos itens seguintes, estão detalhados os principais elementos pré-textuais.

17.1. Falsa Folha de Rosto

Presença: obrigatória.

Definição. A *falsa folha de rosto* é a primeira página do livro, onde está impresso o título da obra, sem subtítulo. Pode também ser chamada de olho, anterrosto ou falso-rosto.

Verso. O verso da falsa folha de rosto é a página que apresenta a coordenação, o *Conselho Editorial* e a Equipe Técnica da EDITARES.

17.2. Folha de Rosto

Presença: obrigatória.

Definição. Considerada a página nobre do livro (MARTINS FILHO, 2016, p. 41), a *folha de rosto* é a terceira página do livro, contendo o nome do autor ou do(s) organizador(es), o título da obra, o subtítulo (quando houver), o logotipo da Editora, o local e ano de publicação da obra.

Acréscimos. Opcionalmente podem constar da folha de rosto o(s) nome(s) do(s) tradutor(es) e o número da edição.

Verso. O verso da folha de rosto é a página de créditos.

17.3. Página de Créditos

Presença: obrigatória.

Créditos. Devem constar na página de créditos todos os dados legais referentes à obra, assim como as referências às pessoas que contribuíram, de maneira voluntária ou remunerada, para a consecução do livro (ver APÊNDICE, item 04).

Componentes. Listados abaixo, em ordem funcional, outros elementos constantes da página 4 (crédito):

01. ***Copyright* (direito de crédito).** Deve vir acompanhado do símbolo © seguido do ano de publicação e do nome do detentor dos direitos autorais (neste caso é a EDITARES). Representa a segurança jurídica da Editora em relação ao autor e aos herdeiros.

02. **Número da edição.** Além do número da edição, devem ser registrados também os números das reimpressões e reedições. Referida informação é importante sob o viés bibliográfico. Quando há mais de uma edição, deve-se deixar registrado o Histório Editorial, contendo todas as edições da obra já publicadas pela editora, incluindo as de línguas estrangeiras (ver APÊNDICE, item 05).

03. **Editor.** Nome do integrante do Conselho Editorial responsável pelo acompanhamento da obra.

04. **Capa.** Nome do responsável pela elaboração da arte da capa da obra.

05. **Imagem de capa.** Nome(s) do(s) autor(es) das imagens utilizadas na capa.

06. **Ilustrador.** Nome do responsável pelas ilustrações da obra.

07. **Revisor(es).** Nome de todos os voluntários da EDITARES revisores de conteúdo e forma da obra.

08. **Revisor(es) de línguas.** Nome dos voluntários revisores da língua portuguesa e de outros idiomas.

09. **Revisão final.** Voluntário responsável pela revisão do conjunto da obra.

10. **Diagramação.** Nome do autor da diagramação da obra, seja voluntário ou remunerado.

11. **Impressão.** Nome da gráfica responsável pela impressão da obra.

12. **Dados Internacionais de Catalogação na Publicação (CIP).** Também conhecida como Ficha Catalográfica, é elaborada por volun-

tário da Conscienciologia, registrado no Conselho Regional de Biblioteconomia (CRB), em formulários específicos da Câmara Brasileira do Livro (www.cbl.org.br), em São Paulo. A finalidade precípua é a catalogação dos livros. Deve ser elaborada quando o livro está diagramado e revisado, na fase de provas. Compõem a catalogação os seguintes itens:

a. Nome da obra.
b. Nome do(s) autor(es) e tradutor(es).
c. Cidade e estado de publicação da obra.
d. Nome da Editora.
e. Ano de publicação da obra.
f. Quantidade de páginas.
g. *International Standard Book Number* (ISBN).
h. Assuntos da obra.
i. Classificação da obra (CDU ou CDD).
j. Nome e CRB do Bibliotecário responsável pela ficha.

11. **Dados da Editora.** Consiste na informação do endereço completo, número do contato telefônico e dos *E-mails* para contato.

17.4. Dedicatória

Presença: opcional.

Definição. A *dedicatória* é a homenagem do autor à(s) pessoa(s) ou instituições de sua estima, devendo ser apresentada em página de frente (ímpar), mantendo o verso sem impressão.

17.5. Agradecimentos

Presença: opcional.

Definição. Os *agradecimentos* são o texto em que o autor reverencia os que contribuíram de maneira relevante à elaboração da publicação. Devem ser apresentados em página ímpar, mantendo o verso em branco, podendo constar também na apresentação ou no prefácio.

17.6. Sumário

Presença: obrigatória.

Definição. O *sumário* é a enumeração hierárquica dos títulos das seções, capítulos e outras partes da obra, na mesma ordem e grafia em que a temática é apresentada no decorrer do texto do livro.

Forma. Inicia-se em página ímpar, com função de facilitar a identificação das partes da obra. Deve aparecer na estrutura inicial dos escritos, sendo recomendada a descrição dos títulos dos capítulos de maneira breve e clara.

Norma. NBR 6027/2012, da *Associação Brasileira de Normas Técnicas* (ABNT).

17.7. Prefácio

Presença: opcional.

Definição. O *prefácio* é o texto iniciado em página ímpar, escrito pelo próprio autor, pelo editor ou por outra pessoa com reconhecida competência ou autoridade em determinada área, com a finalidade de esclarecer, comentar, justificar e tecer considerações a respeito da amplitude da pesquisa, do propósito ou da relevância do assunto tratado no livro.

17.8. Introdução

Presença: obrigatória.

Definição. A *introdução da obra,* sempre escrita pelo autor e iniciada em página ímpar, é a apresentação da proposta da obra ao leitor, constando dela os elementos considerados relevantes para confecção do trabalho, de maneira a facilitar a compreensão do conteúdo.

17.9. Apresentação da Obra

Presença: opcional.

Definição. A *apresentação da obra,* escrita pelo autor ou por terceiros e iniciada sempre em página ímpar, é a contextualização dos escritos, demonstrando a integração entre os capítulos e a temática central do livro. O texto deve situar o leitor sobre o objetivo da obra e ao final conter o(s) nome(s) do(s) autor(es).

18. Elementos Textuais

Desenvolvimento. Os *elementos textuais* referem-se à parte do trabalho onde é desenvolvido o conteúdo da obra.

Divisões. As divisões e subdivisões das partes do texto podem seguir o disposto na NBR 6024/2012 da ABNT, que fixa as condições para o sistema de numeração progressiva das divisões e subdivisões do texto de um documento, auxiliando na elaboração do sumário.

Desmembramento. Em se tratando de obra cujo conteúdo é desmembrado em múltiplas unidades, notadamente dicionários ou enciclopédias, os tomos correspondem aos distintos volumes físicos identificados por numeração sequencial.

Delimitação. O critério para finalizar o tomo e iniciar o seguinte pode basear-se tanto em separação lógica de conteúdo quanto em limitação de espessura para facilidade de manuseio.

18.1. Seção (ou Parte)

Presença: opcional.

Definição. A *seção (ou parte)* é o agrupamento sequencial de capítulos correlatos.

Critério. O fundamento para a divisão da obra em seções, ou a opção pela organização em seção única, é prerrogativa do autor, a partir da concepção acerca do agrupamento do conteúdo em unidades lógicas significativas.

Recomendação. É indicado que os títulos dados às seções introduzam esclarecimento sobre a maneira encontrada pelo autor de organizar o conteúdo da obra, devendo ser evitadas meras repetições de elementos óbvios sem acréscimo informacional.

Forma. As aberturas de seção devem aparecer em páginas ímpares, com verso em branco, ambas sem numeração, podendo ser acrescentados elementos sintéticos da unidade que se inicia.

18.2. Capítulo

Presença: obrigatória.

Unidade. O *capítulo* é a unidade primária da obra, eventualmente dividido em subseções.

Forma. As aberturas de capítulo figuram preferencialmente em páginas ímpares, com a enunciação do título seguida de pequeno texto introdutório, constituindo estrutura-molde a ser replicada regularmente no restante da obra.

Numeração. É usual não numerar a primeira página de cada capítulo, principalmente quando os números de página constam de cabeçalhos.

18.3. Títulos e Subtítulos

Presença: obrigatória.

Definição. Os *títulos* são designações internas do corpo do texto e devem ficar em destaque. O autor pode escolher o estilo que lhe aprouver.

Combinação. Este e outros aspectos relacionados à forma do livro podem ser acordados com o diagramador da obra.

18.4. Componentes Auxiliares

Presença: opcional.

Objetivo. Alguns elementos auxiliares podem ser usados no texto para sintetizar dados e facilitar a leitura e compreensão.

Tipologia. Fazem parte desse conjunto: as ilustrações, os quadros, os gráficos, as tabelas, as citações e as notas de rodapé.

Detalhamento. Na sequência, o destaque será para as citações e as notas de rodapé, por serem os elementos de uso frequente e merecedores de maior explanação.

18.4.1. Citações

Definição. Segundo Amadeu (2017, p. 79), a *citação* é:

> [...] a menção no texto de uma informação ou de trechos extraídos de outra fonte com a finalidade de esclarecer, ilustrar ou sustentar o assunto apresentado. A fonte de onde foi extraída a informação deve ser citada obrigatoriamente no texto ou em nota de rodapé, respeitando-se desta forma os direitos autorais. Os dados completos da fonte de onde foram extraídas as citações devem constar na lista de referências ao final do documento.

Tipos. Há diversas formas de citação, contudo vamos nos ater às modalidades mais corriqueiras: as diretas, as indiretas e a citação de fonte verbal.

Referências. Vale ressaltar que referências bibliográficas eventualmente mencionadas em citações devem estar descritas de maneira completa ao final da obra.

I. **Citação Direta**

Definição. Segundo Kroeff (2019, p. 25), a citação direta "é a transcrição literal do texto ou parte dele".

Tipos. As citações diretas podem ser:

1. **Curtas:** com até 4 linhas, entre aspas duplas, com o mesmo tipo e tamanho de letra da fonte original.

Exemplo:

> De acordo com Vieira (2004, p. 78), "fora do microuniverso da consciência, a rigor, só existem outros microuniversos conscienciais. O resto, tudo o mais conhecido como sendo a *realidade*, é ilusão ou *Maya*".

Fonte: *Homo sapiens reurbanisatus* (VIEIRA, 2004, p. 78).

2. **Longas:** com mais de 4 linhas (a especificação mais exata dependerá da interação do autor com o diagramador, no sentido de preservar os parâmetros de estilo da obra). Podem ser transcritas em parágrafo distinto, com realce, de maneira a identificar a citação, contendo os 7 itens a seguir, em ordem funcional:

a. **Recuo:** suficiente para tornar o parágrafo destacado da margem esquerda (opcional).

b. **Fonte:** menor em relação às utilizadas no decorrer do texto (recomendado).

c. **Espaçamento:** simples.

d. **Aspas:** ausentes no caso de recuo.

e. **Indicação:** do autor, ano (4 dígitos) e página.

f. **Pontuação:** ponto final após a citação e após a autoria.

Exemplo:

Texto anterior à citação...

> Os **amparadores extrafísicos** atuam de acordo com a demanda interassistencial. Se os estudantes permanecem estagnados, apesar de todos os esforços didáticos e paradidáticos, fundamentados nos fatos e parafatos, fenômenos e parafenômenos, os amparadores buscam logicamente outras conscins assistíveis. Se há mérito pelos esforços da conscin amparanda, os amparadores ampliam a assistência. Conforme o acréscimo dos serviços, passam a atrair equipexes especializadas. Nesse caso, a Parelencologia aumenta e a Elencologia intrafísica se expande proporcionalmente, através da equipin. Dessa maneira, as reverberações interassistenciais vão ocorrendo *in crescendum* por meio de sincronicidades e parassincronicidades. (VIEIRA, 2014b, p. 81 e 82).

Texto posterior à citação...

Fonte: Léxico de Ortopensatas (VIEIRA, 2014b, p. 81 e 82).

II. **Citação Indireta**

Definição. A *citação indireta* é a menção não literal às ideias de outro(s) autor(es), mantendo, contudo, o sentido do texto original.

Formas. Segundo Amadeu (2017, p. 84), a citação indireta pode aparecer de duas formas, em ordem alfabética:

1. **Condensação:** a síntese de texto longo (capítulo, seção ou parte), sem alterar fundamentalmente a ideia do autor.
2. **Paráfrase:** a expressão da ideia do outro mencionada em palavras do autor do documento.

Recomendações. Em ambos os casos, é essencial observar os 4 itens, a seguir, em ordem funcional:

1. **Aspas:** ausentes.
2. **Fonte:** a mesma utilizada no texto no qual está inserida.
3. **Referência:** a indicação da(s) página(s) é opcional, porém recomendável.

4. **Pontuação:** ponto final após a citação (na sentença) e após a autoria, quando a referência é *a posteriori*.

Exemplo:

> Segundo o pesquisador e propositor das ciências *Projeciologia e Conscienciologia,* Waldo Waldo Vieira (1932–2015), por suposições lógicas de projetores conscientes, a parademografia é nove vezes maior do que a população terrestre, ou seja, para cada conscin na dimensão física, existem nove consciências extrafísicas correspondentes ou ligadas a esta (TORNIERI, 2018, p. 18).

Fonte: Mapeamento da Sinalética Energética Parapsíquica (TORNIERI, 2018, p. 18).

III. **Citação de Fonte Verbal**

Debates. No universo de escritores da *Comunidade Conscienciológica Cosmoética Internacional* (CCCI), alguns autores costumam utilizar a forma de citação verbal / oral, com base nos debates ocorridos em diversas atividades da Conscienciologia, tais como cursos, aulas, palestras e, em destaque, as falas do Prof. Waldo Vieira.

Parecer. Concernente a esse assunto, recomenda-se a leitura do Parecer referente à *Política Editorial sobre a Utilização de Citações em Livros Publicados pela EDITARES* (PARO & ZOLET, 2017):

> **Premissas.** A fonte oral, em geral, a exemplo das anotações pessoais de curso de qualquer natureza, deve ser evitada quando houver fonte escrita sobre o mesmo assunto para que não haja incoerências entre o conteúdo oral, com frequência mais coloquial, informal e dependente do contexto da fala, e o conteúdo escrito, com frequência mais técnico e preciso.
>
> **Oralidade.** Fontes orais devem respeitar 3 critérios: relevância, honestidade intelectual e verificabilidade.
>
> **Referência.** Fundamentada nos 3 critérios a indicação da fonte oral deverá ser indicada de modo explícito, a exemplo de "anotações de aula, curso do dia tal", ou ainda, empregando os padrões adotados pela ABNT (informação verbal).

Precisão. Sugere-se, para auxílio do leitor e revisor, havendo vídeos ou áudios gravados, a exemplo das tertúlias *online*, indicar o momento (tempo) da fala.

Exemplo:

> **Autorganização.** De acordo com a *Experimentologia*, a autorganização leva a consciência para a convergência maior do megafoco existencial, condutor da Autodeterminologia e da vivência do atacadismo nas realizações. Tal condição é conquistada em séculos de autoesforços e propicia igualmente autoconfiança, tranquilidade íntima e bem-estar pessoal. (Waldo Vieira, Minitertúlia no CEAEC, em 10.04.13, anotações pessoais).

Fonte: Vontade (DAOU, 2014, p. 197).

18.4.2. Notas de Rodapé

Definição. Segundo Amadeu (2019, p. 114), as notas de rodapé são indicações, esclarecimentos, observações ou aditamentos ao texto feitos pelo autor, tradutor ou editor, evitando interromper a sequência lógica.

Localização. São colocadas ao pé da página onde ocorre a citação ou a menção sendo complementada, indicadas por asterisco ou número.

Complementação. Havendo indicação de referências bibliográficas em notas de rodapé, todas devem estar descritas de maneira completa ao final da obra.

19. Elementos Pós-Textuais

Definição. Os *elementos pós-textuais* são a parte complementar da obra, organizadas conforme as necessidades geradas pelo conteúdo do livro e constar no final do volume (MARTINS FILHO, 2016, p. 99).

19.1. Posfácio

Presença: opcional.

Definição. O *posfácio* é o recurso utilizado pelo autor ou por terceiros para completar a argumentação da própria obra. Apresenta matéria informativa ou explicativa surgida após a elaboração dos originais.

19.2. Apêndice

Presença: opcional.

Definição. O *apêndice* é o recurso utilizado pelo autor para completar a argumentação da própria obra. Deve ser precedido da palavra APÊNDICE, seguida pelo respectivo título.

Nomeação. Utilizam-se letras maiúsculas dobradas, na identificação dos apêndices, quando esgotadas as letras do alfabeto (ABNT, NBR 14724/2005).

Exemplos. Eis, em ordem alfabética, 7 categorias de conteúdos passíveis de compor apêndices:

1. **Entrevistas.**
2. **Quadros.**
3. **Questionários.**
4. **Relatórios.**
5. **Tabelas.**

19.3. Anexo

Presença: opcional.

Definição. O *anexo* é o texto ou documento, não elaborado pelo autor, que possui o objetivo de esclarecer, comprovar, fundamentar ou ilustrar a obra. Deve ser precedido da palavra ANEXO, seguida pelo respectivo título.

Nomeação. Utilizam-se letras maiúsculas dobradas, na identificação dos anexos, quando esgotadas as letras do alfabeto (ABNT, NBR 14724/2005).

Localização. Em se tratando de complementos de autoria diversa, os anexos devem aparecer após os apêndices, ao final da obra.

Exemplos. Eis, em ordem alfabética, 7 categorias de conteúdos passíveis de compor anexos:

1. **Estatísticas.**
2. **Estatutos.**
3. **Gráficos.**
4. **Imagens.**
5. **Mapas.**
6. **Normas.**
7. **Pareceres.**

19.4. Glossário

Presença: opcional.

Definição. O *glossário* é a relação de palavras ou expressões técnicas de uso restrito ou de sentido obscuro, utilizadas no texto, acompanhadas das respectivas definições (ABNT, NBR 14724/2005).

Ordenação. As entradas do glossário figuram em ordem alfabética.

Exemplo. Eis extrato de glossário constante de livro conscienciológico:

GLOSSÁRIO DA CONSCIENCIOLOGIA

Abordagem extrafísica – Contato de uma consciência com outra nas dimensões extrafísicas.

Acidente parapsíquico – Distúrbio físico ou psicológico gerado por influências energéticas, interconscienciais, doentias, em geral de origem extrafísica, ou multidimensional.

Acoplamento áurico – Interfusão das energias holochacrais entre duas ou mais consciências.

Agenda extrafísica – Anotação por escrito da relação de alvos conscienciais extrafísicos, prioritários – seres, locais ou idéias – que o projetor projetado procura alcançar gradativamente, de maneira cronológica, estabelecendo esquemas inteligentes ao seu desenvolvimento.

19.5. Referências Bibliográficas

Presença: obrigatória.

Definição. A *lista de referências bibliográficas* é a enumeração de obras existentes sobre assunto específico ou de autor determinado, organizada em ordem alfabética, cronológica ou sistemática.

Normatização. Existem normas técnicas publicadas por instituições de pesquisa e agências normatizadoras para orientar o pesquisador a referenciar as próprias pesquisas.

Particularidades. Embora haja padrão para a regulamentação da redação do referencial bibliográfico, cada instituição, autor ou editora pode adotar normas específicas, com características singulares e personalizadas. As normas comumente utilizadas no Brasil por pesquisadores da academia são:

1. **ABNT:** Agência Brasileira de Normas Técnicas.
2. **APA:** *American Psychological Association*.
3. **ICMJE:** *Uniform Requirements for Manuscripts Submitted to Biomedical Journals*, organizadas pelo *International Committee of Medical Journal Editors Vancouver Group* (www.icmje.org).

BEE. A *Bibliografia Específica Exaustiva* é a técnica original da Conscienciologia, desenvolvida pelo propositor da Neociência e aplicada nas próprias obras.

Adaptações. A utilização de determinada norma técnica pode diferir, em alguns detalhes, de outras normas ou até dentro da mesma normativa (utilização de parágrafo, ponto ou vírgula, por exemplo). Cabe ao autor fazer a opção de sua preferência, dentro das regulamentações já estabelecidas.

Recomendações. A EDITARES não indica ao autor a norma a ser usada nas obras, contudo faz 2 recomendações, como segue:

1. **Escolha.** O autor deve fazer opção pela utilização de uma das 4 normas, quais sejam: ABNT, APA, BEE ou VANCOUVER.
2. **Consistência.** Escolhida a normativa, referido padrão deve ser mantido em toda a obra.

19.6. Índices[4]

Presença: opcional.

Definição. Elemento opcional composto pela lista de palavras ou frases ordenadas, seguindo determinado critério, que localiza e remete para as informações contidas no texto. Deve cobrir toda a obra, envolvendo do prefácio à última página do livro, incluindo rodapés, apêndices e anexos.

Organização. O índice deve ser organizado seguindo padrão lógico, de maneira a ser facilmente identificável pelo leitor.

Título. O título deve ser específico, a exemplo dos 4 a seguir, em ordem alfabética:

1. **Índice Cronológico.**
2. **Índice Geográfico.**
3. **Índice Onomástico.**
4. **Índice Remissivo.**

---

4 Para aprofundamento sobre a elaboração de índice, ver a NBR 6034/2004, da *Associação Brasileira de Normas Técnicas* (ABNT).

Classificação. Martins Filho (2016, p. 103) classifica os índices em 4 tipos, na ordem funcional:

1. **Geral.** Quando compreende toda a matéria do livro.
2. **Analítico.** Subdivide-se segundo assuntos principais determinados.
3. **Cronológico.** Aparece, em geral, em livros de história, agrupando nomes e fatos importantes sob a designação dos anos e épocas correspondentes.
4. **Onomástico.** Pode ser de nomes próprios de pessoas, de lugares, dentre outros, e é utilizado em obras de história ou histórico-literárias. Além disso, resume-se a registrar as referências de cada nome próprio, por exemplo: patronímico, antropônimo, topônimo, sem as subdivisões que ocorrem no índice analítico.

Apresentação. O índice deve ser apresentado da seguinte forma:

1. **Abertura:** em página distinta, após os apêndices e os anexos (se houver).
2. **Título:** no mesmo formato dos outros títulos de capítulos.
3. **Espaçamento:** com espaço maior separando a palavra índice do seu texto.
4. **Paginação:** contínua.
5. **Pertinência:** deve constar no sumário.
6. **Formatação:** a critério do autor.

19.7. Lista de *Instituições Conscienciocêntricas*

Presença: obrigatória.

Definição. A *lista de Instituições Conscienciocêntricas* (ICs) é o anexo obrigatório acrescentado em toda obra produzida na EDITARES, contemplando os dados relativos a todas as ICs associadas à *União das Instituições Conscienciocêntricas Internacionais* (UNICIN), existentes no momento da publicação do livro.

19.8. Histórico de Publicações da EDITARES

Presença: obrigatória.

Definição. O *histórico de publicações da EDITARES* é a lista de obras produzidas pela editora, acrescentada como anexo ao final de todos os livros.

Idiomas. São elencadas as obras editadas em diversos idiomas, notadamente estes 5, em ordem lógica:

1. **Português.**
2. **Inglês.**
3. **Espanhol.**
4. **Alemão.**
5. **Romeno.**

19.9. Levantamento Estatístico da Obra

Presença: obrigatória.

Definição. O *levantamento estatístico* é o inventário quantitativo de itens componentes do miolo apenas da obra (pontoações), organizado de maneira tabular e descrito na penúltima página (ímpar).

Conteúdo. A descrição abrange a quantificação dos seguintes itens:

01. **Caracteres:** a quantidade de caracteres existentes no miolo do livro (contabilizado pelo programa de diagramação).

02. **Palavras:** a quantidade de palavras existentes no miolo do livro (contabilizado pelo programa de diagramação).

03. **Linhas:** a quantidade de linhas existentes no miolo do livro (contabilizado pelo programa de diagramação).

04. **Parágrafos:** a quantidade de parágrafos existentes no miolo do livro (contabilizado pelo programa de diagramação).

05. **Páginas:** a quantidade total de páginas, devendo coincidir com aquela informada na Ficha Catalográfica da Página de Créditos.

06. **Seções:** a quantidade de seções (ou partes).

07. **Capítulos:** a quantidade de capítulos.

08. **Citações:** a quantidade de citações (epígrafes) feitas em aberturas de capítulos.

09. **Enumerações:** a quantidade de enumerações ou desmembramentos verticais de texto.

10. **Figuras:** a quantidade de figuras ou ilustrações, se houver.

11. **Bibliografias:** a quantidade de referências bibliográficas.

12. **Webgrafias:** a quantidade de itens de referência a sítios da *web,* se houver.

13. **Tabelas:** a quantidade de tabelas, se houver.

14. **Apêndices:** a quantidade de apêndices, se houver (complementos textuais redigidos pelo(s) autor(es)).

15. **Anexos:** a quantidade de anexos, se houver (complementos textuais não redigidos pelo(s) autor(es), importados de outras fontes).

16. **Glossário:** a quantidade de termos integrantes do Glossário, se houver.

17. ***Instituições Conscienciocêntricas:*** a quantidade de ICs mencionadas no respectivo adendo padronizado pela EDITARES.

18. **Entradas no Índice Remissivo:** a quantidade termos, simples e compostos, integrantes do Índice Remissivo, se houver.

Acréscimos. Dependendo da relevância que o autor ou o editor atribuam ao detalhamento de outros elementos, a tabela poderá ser ampliada, acomodando mais linhas de informação.

Exemplo. Eis extrato do levantamento estatístico presente na obra Léxico de Ortopensatas:

3	volumes
2.084	páginas
1.000	exemplares encadernados
26	letras do alfabeto
3.658.532	caracteres
562.471	palavras
76.673	linhas
33.911	parágrafos
7.518	verbetes (Letras de A a Z)
25.183	ortopensatas
652	conceitos analógicos
120	técnicas lexicográficas
24	*Instituições Conscienciocêntricas*

19.10. Autorreferência Bibliográfica

Presença: obrigatória.

Definição. A *Bibliografia Específica Exaustiva* (BEE) da própria obra é incluída após a tabela do levantamento estatístico, com a finalidade de estabelecer a versão definitiva da referência, evitando disparidades em citações ulteriores.

Elaboração. A técnica de construção da BEE prevê duas etapas:

1. **Fichamento:** o levantamento dos itens integrantes da BEE, de acordo com o *Manual de Fichamento Conscienciológico do Holociclo,* incluído no Manual de Verbetografia da Enciclopédia da Conscienciologia (NADER, Org., 2012, p. 319 a 354).
2. **Transcrição:** a concatenação ordenada dos elementos resultantes do fichamento, compondo sequência de itens separados por ponto e vírgula.

Software. A etapa de transcrição é sobremaneira facilitada mediante o uso da ferramenta *EasyBEE,* concebida pela *Associação Internacional de Enciclopediologia Conscienciológica* (ENCYCLOSSAPIENS) em 2016, e disponível em <http://encyclossapiens.space/easybee>.

Finalização. Havendo completado o fichamento do livro, o usuário da *EasyBEE* deverá transcrever os dados levantados para o formulário *online* apresentado na tela. Ao final, clicando em *Atualizar Fichamento,* surgirá no topo da página a BEE já pronta, que poderá ser copiada e colada para o documento de texto do livro.

Exemplo. Eis a autorreferenciação bibliográfica exaustiva relativa à obra Léxico de Ortopensatas:

> **Vieira,** Waldo; ***Léxico de Ortopensatas;*** revisores Equipe de Revisores do Holociclo, CEAEC & EDITARES; 3 Vols.; 2.084 p.; 1 *blog;* 652 conceitos analógicos; 22 *E-mails;* 19 enus.; 1 esquema da evolução consciencial; 17 fotos; glos. 7.518 termos; 1.811 megapensenes trivocabulares; 1 microbiografia; 25.183 ortopensatas; 2 tabs.; 120 *técnicas lexicográficas;* 19 *websites;* 28,5 x 22 x 13cm; enc.; 2ª Ed. rev. e aum.; *Associação Internacional EDITARES;* Foz do Iguaçu, PR; 2019.

19.11. Especialidade, *Princípio da Descrença* e Dados de Impressão

Presença: obrigatória.

Definição. A *última página do livro* reúne 3 informações, em ordem funcional:

1. **Primeiro quadro:** os dados da especialidade conscienciológica sob a qual a obra foi elaborada.
2. **Segundo quadro:** o enunciado do *princípio da descrença.*
3. **Texto final:** os dados acerca da impressão, contendo 5 itens, em ordem funcional:

a. **Dimensões:** altura e largura do livro, em centímetros.
b. **Fontes:** tipografia utilizada em títulos e no texto (miolo e na capa).
c. **Papéis:** tipo e gramatura utilizados (miolo e na capa).
d. **Gráfica:** nome da gráfica onde foi feita a impressão.
e. **Data:** de confecção.

Exemplo:

1. *ÁREA DE PESQUISA:*

ESTE LIVRO PESQUISA TEMAS DA

EXPERIMENTOLOGIA,

ESPECIALIDADE DA CONSCIENCIOLOGIA.

2. PRINCÍPIO DA DESCRENÇA:

NÃO ACREDITE EM NADA, NEM MESMO NAS INFORMAÇÕES EXPOSTAS NESTE LIVRO, O INTELIGENTE É FAZER PESQUISAS PESSOAIS SOBRE OS TEMAS.

EDITARES.

1ª Reimpressão [2021]

Esta obra foi composta no formato 28,0 x 21,0 cm. A fonte usada no miolo é *Times New Roman* 12. O papel do miolo é offset 75g/m², e o de capa é Papelão Nacional LD 1830 g/m². Impressa pela gráfica Edelbra para a editora Editares em abril de 2021.

Considerações Finais

Diversificação. Na *Era da Fartura,* múltiplas possibilidades descortinam-se ao intermissivista interessado em levar a público o produto dos autempenhos gesconológicos, dentre elas a opção por encaminhar o próprio livro à EDITARES.

Expertise. O diferencial de confiar a gescon aos cuidados de voluntários especializados é a tranquilidade íntima do autor ao contar com a experiência do acolhimento fraterno, do acompanhamento retilíneo e do apoio seguro nos momentos críticos de decisões quanto à obra, atributos interassistenciais consolidados em quase duas décadas de trabalho editorial, desde 2004.

Esclarecimento. Este compêndio explicitou vários aspectos concernentes ao funcionamento interno da EDITARES, notadamente o detalhamento das etapas integrantes do Fluxo Editorial, pelo qual tramita toda obra encaminhada, desde a admissão até o lançamento.

Aprimoramento. Objeto de constante reestruturação ao longo de sucessivas gestões conscienciocêntricas, o Fluxo Editorial encontra-se atualmente (Ano-base: 2021) em elevado patamar de depuração e eficiência, evidente na produtividade inabalada, a despeito dos tempos pandêmicos, e sem prejuízo de qualidade.

Exemplário. A organização recomendada aos autores para formatação e estruturação das obras foi também abordada, com a exemplificação exaustiva do conteúdo e do sequenciamento considerados mais adequados aos propósitos tarísticos.

Ponte. A transposição do *gap* aludido na Introdução desta obra – entre os esboços autorais e o livro publicado – está, portanto, didaticamente formulada e ilustrada, esclarecendo aos autores, editores e interessados o *modus operandi* editorial posto em prática na EDITARES.

Agradecimento. Reiteramos a gratidão aos amparadores extrafísicos, sem os quais nosso trabalho seria praticamente impossível de realizar.

Apêndice: Modelo de Livro

01. Falsa Folha de Rosto

MANUAL
DA
TENEPES

Fonte: Manual da Tenepes (VIEIRA, 2020)

02. Verso da Falsa Folha de Rosto

Associação Internacional EDITARES

Coordenação Geral:

Nome

Nome

Conselho Editorial:

Nome

Nome

Nome

Nome

Nome

Nome

Nome

Equipe Técnica:

Nome

Nome

Nome

Todos os direitos desta edição estão reservados
à Associação Internacional EDITARES.

É terminantemente proibida a reprodução total ou parcial desta obra, por qualquer meio ou processo, sem a expressa autorização do autor e da Associação Internacional EDITARES.

A violação dos direitos autorais caracteriza crime descrito na legislação em vigor, sem prejuízo das sanções civis cabíveis.

03. Folha de Rosto

WALDO VIEIRA,
Médico

MANUAL
DA
TENEPES
TAREFA ENERGÉTICA PESSOAL

4ª EDIÇÃO EM PORTUGUÊS

EDITARES

FOZ DO IGUAÇU - PR, Brasil
2020

Fonte: Manual da Tenepes (VIEIRA, 2020)

04. Verso da Folha de Rosto (página de créditos)

As opiniões emitidas neste livro são de responsabilidade do autor e não representam necessariamente o posicionamento da Editares.

Por se tratar de reimpressão a parte textual desta obra se limita a revisão gráfica. As revisões gramaticais e gráficas pré e pós textuais foram realizadas exclusivamente por voluntários da Conscienciologia.

Capa: Débora Klippel e Luciano Melo.
Diagramação: Daniel Ronque.
Revisores gráficos: Ila Rezende, Liliane Sakakima, Milena Mascarenhas.

Dados Internacionais de Catalogação na Publicação (CIP)

V657m Vieira, Waldo

Manual da Tenepes : tarefa energética pessoal / Waldo Vieira. – 4. ed. Foz do Iguaçu : Editares, 2020.

136 p.

Inclui Bibliografia.
ISBN 978-65-86544-01-5

1. Conscienciologia. 2. Projeciologia. I. Título

CDD 133

Tatiana Lopes CRB 9/1524

EDITARES

Associação Internacional Editares
Av. Felipe Wandscheer, nº 6.200, sala 100D, Cognópolis
Foz do Iguaçu, PR – Brasil – CEP: 85856-750
Tel/Fax: +55 45 9 9133 2818
Email: editares@editares.org – *Website:* www.editares.org.br

Fonte: Manual da Tenepes (VIEIRA, 2020)

05. Verso da Folha de Rosto (página de créditos em língua estrangeira)

Copyright © 2020 – Editares International Association
Projections of the Consciousness: a Diary of Out-of-Body Experiences.
Original title in portuguese: *Projeções da Consciência: Diário de Experiências fora do Corpo Físico.*
Copyright © 1981 – Editares International Association

Editorial History			**Totals**
Portuguese	1ª Edition: 1981	10.000 copies	
	2ª Edition: 1982	10.000 copies	
	3ª Edition: 1989	5.000 copies	
	4ª Edition: 1992	5.000 copies	
	5ª Edition: 1995	5.000 copies	
	5ª Edition: 1999 (reprint)	3.000 copies	
	6ª Edition: 2002	1.000 copies	
	7ª Edition: 2005	1.500 copies	
	8ª Edition: 2008	1.500 copies	
	9ª Edition: 2013	1.500 copies	
	9ª Edition: 2013	E-book	
	9ª Edition: 2013 (Audiobook)	300 copies	
	10ª Edition: 2018	2.000 copies	45.300
Spanish	1ª Edition: 1995	2.000 copies	
English	1ª Edition: 1995	3.000 copies	
	2ª Edition: 1997	3.000 copies	
	3ª Edition: 2007	6.500 copies	12.500
	4ª Edition: 2020	Print on demand	
	1ª Edition: 2020	Audiobook	

Author's rights to this edition have been transferred by the author to Editares.
The opinions, content, grammar and graphic revisions of
this work were made solely by Conscientiology volunteers.

Original Translation (1995): Alvaro Salgado, Kevin de La Tour, Simone de La Tour.
Updating and Revision: Alexander Steiner (1995), Jeffrey Lloyd (2018).
Proofreading: Denise Paro, Sergio Fernandes.
Typesetting: Matheus Nogueira.
Cover: Débora Klippel, Luciano Melo.

Card Catalog Information

V658p Vieira, Waldo, 1932-2015

Projections of the consciousness: a diary of out-of-body experiences. / Waldo Vieira ; Translation: Alvaro Salgado, Kevin de La Tour, Simone de La Tour. -- Foz do Iguaçu, Brasil : Editares, 2020.

262 p.
Book available on Print-on-Demand

Translation of: Projeções da consciência : diário de experiências fora do corpo físico.

ISBN 978-65-86544-16-9

1. Conscienciology. 2. Projeciology. 3. Out-of-body experiences. I. Salgado, Alvaro II. La Tour, Kevin de. III. La Tour, Simone de. III. Title.

CDU 133

Tatiana Lopes CRB 9/1524

EDITARES

Editares International Association
Av. Felipe Wandscheer, nº 6.200, sala 100 D – Cognópolis
Foz do Iguaçu, PR – Brasil – CEP: 85856-850
Tel/Fax: +55 45 99133-2818
E-mail: editares@editares.org – *Website:* www.editares.org.br

Fonte: *Projections of Counsciousness* (VIEIRA, 2020)

06. Dedicatória

DEDICATÓRIA

Aos meus colegas intermissivistas, inversores existenciais, tenepessistas, epicons, ofiexistas, rapazes, moças, homens e mulheres, abro a minha intimidade, em plena maturidade octogenária, confesso e ofereço, com os meus votos de bom proveito, este *Dicionário de Argumentos da Conscienciologia,* na verdade uma espécie de *Caderno Pessoal de Parapesquisas de Campo,* através do qual, e, obviamente, junto a vocês, venho buscando a vivência, oportuna, do estágio evolutivo, cosmoético, da semiconsciexialidade interassistencial.

O Autor

EDITARES

Fonte: Dicionário de Argumentos da Conscienciologia (VIEIRA, 2014)

07. Agradecimentos

AGRADECIMENTOS

Ao professor Waldo Vieira, pela preceptoria pensenográfica ao longo da última década, em Foz do Iguaçu, e incentivo à realização desta obra, além de orientações e revisões pontuais. Pelo convite aos intermissivistas à coparticipação na Enciclopédia da Conscienciologia.

À Moacir Gonçalves, o lançador da semente da dinâmica verbetográfica.

Ao Amin Lascani pelo companheirismo responsável na implementação do Programa Verbetografia, conceptáculo desta obra.

Aos professores do Programa Verbetografia, coautores desta obra, sempre predispostos às qualificações necessárias.

Aos primeiros revisores e avaliadores quanto à instrumentalidade da Apostila, versão protótipo desta obra, Julieta Mendonça, César Cordioli e Pedro Fernandes.

À Roseli Oliveira, pela revisão especializada das referências bibliográficas.

À Kátia Arakaki, pelas heterocríticas enriquecedoras e assessoria no trâmite inicial junto à Editares.

À Dulce Daou, pelo intercâmbio de ideias a qualquer momento, ao modo de amparadora intrafísica.

Aos participantes das 9 turmas do Programa Verbetografia, pelas heterocríticas e sugestões de acréscimos oportunos na então Apostila.

À Equipe CEAEC, pelo apoio nas edições das Apostilas, antecessoras desta obra.

À Equipe Editares, os revisores: Ulisses Schlosser, Erotides Louly e Helena Araújo; o editor: Maximiliano Haymann, pela assistência em todas as fases de elaboração da obra.

Aos amparadores, incansáveis paravoluntários.

Fonte: Manual da Verbetografia (NADER, Org., 2012)

08. Sumário

SUMÁRIO

Fonte: Manual da Verbetografia (NADER, Org., 2012)

09. Prefácio

PREFÁCIO

TRABALHO GRUPAL

O livro "*Conscienciologia é Notícia*" é obra esperada e bem-vinda. Diversas circunstâncias multidimensionais atuantes há quase 15 anos (ano-base 2014) resultaram nesta publicação.

O trabalho desenvolvido pela equipe de organizadores, com determinação para manter-se unida, visando à conclusão do empreendimento, significou esforço constante e superações pessoais.

A equipe teve a solidariedade indispensável à complexidade da tarefa, reunindo-se regularmente em mútuo auxílio, para ativar de modo contínuo as energias indispensáveis à conclusão do proposto.

Estes voluntários conseguiram materializar a primeira produção literária da unidade Rio de Janeiro do IIPC. Essa vitória é exemplar ao superar determinado comportamento estagnador.

As etapas necessárias para transpor o registro gravado em áudio, sob a forma de texto, demandaram re-escritas do redigido. Estas idas e vindas das revisões podem, para alguns, representar dificuldades, mas aprofundaram o aprendizado coletivo.

O grupo de organizadores cresceu consciencialmente através das superações pessoais realizadas, porque esta empreitada exigiu mudanças interiores.

A transcrição das falas; a seleção e redação dos diálogos; a correção ortográfica e outras atividades trouxeram autoconfiança aos participantes ao perceberem o amparo presente nas diferentes etapas.

A existência do Painel da Rádio Tupi há mais de 1 decênio, tratando de assuntos da Conscienciologia com regularidade semanal, difundindo essas Ideias ao modo de "curso de longo curso", é circunstância contribuinte para a melhoria do padrão geral do planeta.

Fonte: Conscienciologia é Notícia (NASCIMENTO & WONG, 2015)

10. Introdução

INTRODUÇÃO

Manual. Este volume é o *"livro sobre a tenepes"* que muitos colegas, colaboradores, energizadores, projeciólogos e conscienciólogos cobraram deste autor, nestas últimas 2 décadas.

Pesquisas. O *Manual* foi redigido a partir de notas pessoais, desde 1950; de pesquisas com praticantes adultos – homens e mulheres – das tarefas energéticas pessoais; e das perguntas e respostas colhidas nos *"Cursos da Tenepes"*, ministrados nos últimos tempos, através das programações didáticas do Instituto Internacional de Projeciologia e Conscienciologia (IIPC), em localidades diversas.

Paratecnologia. Este livro, dedicado à execução de experimentos transcendentes, parapsíquicos, projetivos ou anímicos, enquadra-se numa área das pesquisas e recursos de ponta da alta *paratecnologia da consciência.*

Variáveis. Você – leitor que se depara com o assunto pela primeira vez – *não deve perder tempo* com este manual prático, *se não admite,* sem dúvidas mortificantes, estas 5 variáveis:

1. **EC.** A existência – bem definida por você – da *energia consciencial (EC),* além dos impulsos nervosos do corpo humano.

2. **Animismo.** As manifestações anímicas, benignas e evolutivas, além das crendices, delírios e tradições folclóricas.

3. **Parapsiquismo.** As *manifestações parapsíquicas* (mediúnicas, interdimensionais ou *paranormais*) sadias.

4. **Interassistencialidade.** A necessidade evolutiva de as consciências humanas se auxiliarem umas às outras, por intermédio de *trabalhos interassistenciais* lógicos, justos e maduros.

5. **Interdimensionalidade.** As comunicações interconscienciais entre as muitas *dimensões das consciências* intra e extrafísicas.

Fonte: Manual da Tenepes (VIEIRA, 2020)

11. Apresentação da Obra

APRESENTAÇÃO

Dulce Daou

Maxiproéxis. O convite aberto aos intermissivistas e tertulianos feito pelo propositor da Conscienciologia e organizador da *Enciclopédia da Conscienciologia*, pesquisador Waldo Vieira, privilegia a participação irrestrita de verbetógrafos em megagescon grupal pioneira.

CCCI. A convivialidade traforista de mais de 600 pesquisadores na Cognópolis de Foz do Iguaçu, Paraná, chancela o momento evolutivo profícuo da Comunidade Conscienciológica Cosmoética Internacional (CCCI). Simultaneamente, a facilidade infocomunicativa planetária e o amadurecimento das instâncias consciencioc êntricas voltadas para as reciclagens individuais e coletivas ensejam o megafoco na maxiproéxis, visando o completismo grupal e a consolidação da Conscienciologia através da tares grafopensênica.

Autexperimentologia. A este cenário proexogênico integra-se o *Manual de Verbetografia da Enciclopédia da Conscienciologia*, idealizado e concebido pela professora Rosa Nader, resultado da experiência da organizadora, em particular, e demais autores por mais de 10 anos junto aos trabalhos da *Enciclopédia da Conscienciologia*, epicentrados pelo professor Waldo Vieira.

Holociclo. A abordagem detalhista e minuciosa da estilística da *Enciclopédia da Conscienciologia*, objeto da obra apresentada, foi possível em função da acumulação de conhecimento e do arcabouço ideativo promovido pela rotina intelectual ativa das *Equipes Técnicas do Holociclo*, no *Centro de Altos Estudos da Conscienciologia* (CEAEC).

Diversidade. A organizadora da obra, além de outros autores, atuou em diversas atividades enciclopédicas, desde os trabalhos para os tratados *Homo sapiens reurbanisatus* e *Homo sapiens pacificus*, as pesquisas infográficas e biliográficas para a *Enciclopédia da Conscienciologia*, tendo posteriormente coordenado os trabalhos de expansão de seções dos verbetes debatidos no *Tertuliarium*.

Fonte: Manual da Verbetografia (NADER, Org., 2012)

12. Elementos Textuais (corpo do livro)

Referem-se ao conteúdo da obra constituído, por exemplo, dos seguintes itens:

1. **Seções** (ou partes).
2. **Capítulos.**
3. **Subseções** (se houver).

13. Elementos pós-textuais

Referem-se à parte complementar da obra, relacionados a seguir, em ordem lógica:

01. **Posfácio.**
02. **Apêndices.**
03. **Anexos.**
04. **Glossários.**
05. **Referências Bibliográficas.**
06. **Índices.**
07. **Lista de *Instituições Conscienciocêntricas.***
08. **Histórico de Obras Publicadas pela EDITARES.**
09. **Levantamento Estatístico da Obra.**
10. **Autorreferenciação Bibliográfica Exaustiva da Obra.**
11. **Especialidade.**
12. ***Princípio da Descrença.***
13. **Dados de Impressão do Livro.**

Referências Bibliográficas

Bibliografia Específica

01. **Assis,** Jaqueline; **Oliveira,** Mércia; & **Salles,** Rosemary; Orgs.; ***Círculo Mentalsomático: Encontros de 11 a 20 – Período de 16 de Junho a 18 de Agosto de 2012;*** revisores Dayane Rossa; *et al.;* 16 Vols; 374 p.; Vol. II; 1 cronologia; 10 encontros; 21 *E-mails;* 41 enus.; 23 estudos de casos; 21 fotos; 21 microbiografias; 99 perguntas; 1 tab.; 52 relatos; 9 técnicas; 2 anexos; 23 afixos; glos. 655 termos; 7 índices; alf.; geo; ono; 23 x 16 cm; br.; *Epígrafe Editora;* Foz do Iguaçu, PR; 2020; páginas 11 a 14.

02. **Brito,** Ernani; ***Edição Conscienciográfica;*** verbete; In: **Vieira,** Waldo; Org.; ***Enciclopédia da Conscienciologia;*** apres. Coordenação da ENCYCLOSSAPIENS; revisores Equipe de Revisores da ENCYCLOSSAPIENS; 27 Vols.; 23.178 p.; Vol. 12; 1.112 citações; 11 cronologias; 33 *E-mails;* 206.055 enus.; 602 especialidades; 1 foto; glos. 4.580 termos (verbetes); 701 microbiografias; 270 tabs.; 702 verbetógrafos; 28 *websites;* 670 filmes; 54 videografias; 1.087 webgrafias; 13.896 refs.; 9ª Ed. rev. e aum.; *Associação Internacional de Enciclopediologia Conscienciológica* (ENCYCLOSSAPIENS); & *Associação Internacional EDITARES;* Foz do Iguaçu, PR; 2018; ISBN 978-85-8477-118-9; páginas 9.158 a 9.164.

03. **Carvalho,** Rose; ***Grupalidade Cosmoética;*** verbete; In: **Vieira,** Waldo; Org.; ***Enciclopédia da Conscienciologia;*** apres. Coordenação da ENCYCLOSSAPIENS; revisores Equipe de Revisores da ENCYCLOSSAPIENS; 27 Vols.; 23.178 p.; Vol. 15; 1.112 citações; 11 cronologias; 33 *E-mails;* 206.055 enus.; 602 especialidades; 1 foto; glos. 4.580 termos (verbetes); 701 microbiografias; 270 tabs.; 702 verbetógrafos; 28 *websites;* 670 filmes; 54 videografias; 1.087 webgrafias; 13.896 refs.; 9ª Ed. rev. e aum.; *Associação Internacional de Enciclopediologia Conscienciológica* (ENCYCLOSSAPIENS); & *Associação Internacional EDITARES;* Foz do Iguaçu, PR; 2018; páginas 11.689 a 11.694.

04. **Daou,** Dulce; ***Vontade: Consciência Inteira;*** revisores Equipe de Revisores da EDITARES; 288 p.; 6 seções; 44 caps.; 23 *E-mails;*

226 enus.; 1 foto; 1 minicurrículo; 1 seleção de verbetes da *Enciclopédia da Conscienciologia;* 3 tabs.; 21 *websites;* glos. 140 termos; 1 nota; 133 refs.; 17 webgrafias; 1 apênd.; alf.; ono.; 23 x 16 cm; br.; *Associação Internacional EDITARES;* Foz do Iguaçu, PR; 2014.

05. **Fortes,** Waldir Gutierrez; & **Silva,** Mariangela Benine Ramos; ***Eventos: Estratégias de Planejamento e Execução;*** São Paulo, SP; *Summus,* 2011, páginas 147 a 149.

06. **Martins Filho,** Plínio; ***Manual de Editoração e Estilo;*** 723 p.; 10 caps.; 79 refs.; 24,3 x 18,5 cm; br; *Editora da UNICAMP;* Campinas, SP; *Editora da Universidade de São Paulo;* São Paulo, SP; & *Editora da UFMG;* Minas Gerais, MG; 2016; páginas 41, 99 e 103.

07. **Medeiros,** João Bosco; ***Manual de Redação e Normalização Textual: Técnicas de Editoração e Revisão;*** 433 p.; 8 caps.; 24 x 16,8 cm; br; Atlas; 2002; páginas 22 a 32, 252, 339 e 361 a 369.

08. **Nader,** Rosa; Org.; ***Manual de Verbetografia da Enciclopédia da Conscienciologia;*** apres. Dulce Daou; revisores Ulisses Schlosser; Erotides Louly; & Helena Araújo; 392 p.; 5 seções; 10 caps.; 21 *E-mails;* 464 enus.; 4 fichários; 1 foto; 18 minicurrículos; 9 tabs.; 263 verbetes chaves; 19 *websites;* 64 refs.; 11 webgrafias; 1 anexo; alf.; 28 x 21 cm; br; *Associação Internacional EDITARES;* Foz do Iguaçu, PR; 2012; páginas 319 a 354.

09. **Nascimento,** Alessandra; & **Wong,** Félix; ***Conscienciologia é Notícia: Uma Década e Meia de Entrevistas na Super Rádio Tupi – Tema Projeciologia;*** 184 p.; 12 caps.; 1 foto; 1 ilus.; 12 microbiografias.; 18 refs.; 23 x 16 cm; br.; *Associação Internacional EDITARES;* Foz do Iguaçu, PR; 2015.

10. **Tornieri,** Sandra; **EDITARES;** verbete; In: **Vieira,** Waldo; Org.; ***Enciclopédia da Conscienciologia;*** apres. Coordenação da ENCYCLOSSAPIENS; revisores Equipe de Revisores da ENCYCLOSSAPIENS; 27 Vols.; 23.178 p.; Vol. 12; 1.112 citações; 11 cronologias; 33 *E-mails;* 206.055 enus.; 602 especialidades; 1 foto; glos. 4.580 termos (verbetes); 701 microbiografias; 270 tabs.; 702 verbetógrafos; 28 *websites;* 670 filmes; 54 videografias; 1.087 webgrafias; 13.896 refs.; 9ª Ed. rev. e aum.; *Associação Internacional de Enciclopediologia Conscienciológica* (ENCYCLOSSAPIENS); & *Associação Internacional EDITARES;* Foz do Iguaçu, PR; 2018; ISBN 978-85-8477-118-9; páginas 9.183 a 9.188.

11. **Idem;** ***Mapeamento da Sinalética Energética Parapsíquica;*** pref. Hernande Leite; revisores Mabel Teles; *et al.;* 296 p.; 4 seções; 55 caps.; 1 citação; 23 *E-mails;* 153 enus.; 138 exemplos; 1 foto; 1 microbiografia; 55 pensatas; 11 questionamentos; 1 tab.; 11 técnicas;

2 testes; 21 *websites;* glos. 135 termos; glos. 210 termos; 6 filmes; 51 refs.; 1 anexo; 2 apênds.; alf.; 21,5 x 14 cm; br.; *Associação Internacional EDITARES;* Foz do Iguaçu, PR; 2015; páginas 31, 39, 41, 46, 49, 75, 86, 168, 170, 194 e 231.

12. **Vieira,** Waldo; ***Dicionário de Argumentos da Conscienciologia;*** revisores Equipe de Revisores do Holociclo; 1.572 p.; 1 *blog;* 21 *E-mails;* 551 enus.; 1 esquema da evolução consciencial; 18 fotos; glos. 650 termos; 19 *websites;* alf.; 28,5 x 21,5 x 7 cm; enc.; *Associação Internacional EDITARES;* Foz do Iguaçu, PR; 2014a; páginas 651 a 653.

13. **Idem;** ***Edição Gratuita;*** verbete; In: **Idem;** Org.; ***Enciclopédia da Conscienciologia;*** apres. Coordenação da ENCYCLOSSAPIENS; revisores Equipe de Revisores da ENCYCLOSSAPIENS; 27 Vols.; 23.178 p.; Vol. 12; 1.112 citações; 11 cronologias; 33 *E-mails;* 206.055 enus.; 602 especialidades; 1 foto; glos. 4.580 termos (verbetes); 701 microbiografias; 270 tabs.; 702 verbetógrafos; 28 *websites;* 670 filmes; 54 videografias; 1.087 webgrafias; 13.896 refs.; 9ª Ed. rev. e aum.; *Associação Internacional de Enciclopediologia Conscienciológica* (ENCYCLOSSAPIENS); & *Associação Internacional EDITARES;* Foz do Iguaçu, PR; 2018; ISBN 978-85-8477-118-9; páginas 9.165 a 9.167.

14. **Idem;** ***Homo sapiens reurbanisatus;*** revisores Equipe de Revisores do Holociclo; 1.584 p.; 24 seções; 479 caps.; 139 abrevs.; 12 *E-mails;* 597 enus.; 413 estrangeirismos; 1 foto; 40 ilus.; 1 microbiografia; 25 tabs.; 4 *websites;* glos. 241 termos; 3 infográficos; 102 filmes; 7.665 refs.; alf.; geo.; ono.; 29 x 21 x 7 cm; enc.; 3ª Ed. Gratuita; *Associação Internacional do Centro de Altos Estudos da Conscienciologia* (CEAEC); Foz do Iguaçu, PR; 2004; páginas 27, 28, 78 e 343 a 348.

15. **Idem;** ***Léxico de Ortopensatas;*** revisores Equipe de Revisores do Holociclo; 2 Vols.; 1.800 p.; Vol. I; 1 *blog;* 652 conceitos analógicos; 22 *E-mails;* 19 enus.; 1 esquema da evolução consciencial; 17 fotos; glos. 6.476 termos; 1.811 megapensenes trivocabulares; 1 microbiografia; 20.800 ortopensatas; 2 tabs.; 120 *técnicas lexicográficas;* 19 *websites;* 28,5 x 22 x 10 cm; enc.; *Associação Internacional EDITARES;* Foz do Iguaçu, PR; 2014b; página 247.

16. **Idem;** ***Manual da Tenepes: Tarefa Energética Pessoal;*** revisores Erotides Louly; Helena Araújo; & Julieta Mendonça; 154 p.; 34 caps.; 147 abrevs.; 18 *E-mails;* 52 enus.; 1 foto; 1 microbiografia; 1 tab.; 1 teste; 19 *websites;* glos. 282 termos; 5 refs.; alf.; 21 x 14 cm; br.; 3ª Ed.; *Associação Internacional EDITARES;* Foz do Iguaçu, PR; 2011.

17. **Idem;** ***Manual de Redação da Conscienciologia;*** revisores Alexander Steiner; *et al.;* 276 p.; 15 seções; 150 caps.; 152 abrevs.; 23

E-mails; 54 enus.; 274 estrangeirismos; 30 expressões idiomáticas portuguesas; 1 foto; 60 locuções do idioma espanhol; 85 megapensenes trivocabulares; 1 microbiografia; 30 pesquisas; 6 técnicas; 30 teorias; 8 testes; 60 tipos de artefatos do saber; 60 vozes de animais subumanos; 3 *websites;* glos. 300 termos; 609 refs.; 28 x 21 cm; br.; 2ª Ed. rev.; *Associação Internacional do Centro de Altos Estudos da Conscienciologia* (CEAEC); Foz do Iguaçu, PR; 2002.

Webgrafia Específica

1. **Amadeu,** Maria Simone Utida dos Santos; *et al.;* ***Manual de Normalização de Documentos Científicos: De Acordo com as Normas da ABNT.*** *Editora UFPR;* Curitiba, PR; 2017; disponível em: <https://acervodigital.ufpr.br/bitstream/handle/1884/45654/Manual_de_normalizacao_UFPR.pdf?sequence=1&isAllowed=y>; acesso em: 20.04.2021.

2. **Associação Brasileira de Normas Técnicas (ABNT);** ***NBR 6024/2012;*** 2ª Ed.; 2012; disponível em: <https://www.bm.edu.br/wp-content/uploads/2018/10/ABNT_NBR-6024-2012.pdf>; acesso em: 20.04.2021.

3. **Idem;** ***NBR 6027/2012;*** disponível em: <http://www2.unicentro.br/ppgadm/files/2017/03/ABNT-NBR-6027_2012.pdf?x35443>; 2ª Ed.; 2012; acesso em: 20.04.2021.

4. **Idem;** ***NBR 6034/2004;*** 2ª Ed.; 2004; disponível em: <https://cnm.paginas.ufsc.br/files/2020/02/ABNT-NBR-6034.pdf>; acesso em: 20.04.2021.

5. **Idem;** ***NBR 14724/2005;*** disponível em: <https://www.ufpe.br/documents/40070/848544/ABNT+NBR+14724.pdf/d1a5a9ff-d0e7-4bcc-aeb3-8c12ae2260dc>; 2ª Ed.; 2005; acesso em: 20.04.2021.

6. **Kroeff,** Márcia Silveira; ***Manual de Publicação da Editora UDESC: Instruções e Procedimentos;*** 2019; disponível em: <https://www.udesc.br/arquivos/udesc/id_cpmenu/7135/MANUAL_FINAL_15628709866994_7135.pdf>; acesso em 20.04.2021.

7. **Paro,** Denise; & **Zolet,** Lílian; ***Política Editorial sobre a Utilização de Citações em Livros Publicados pela EDITARES;*** disponível em: <https://icge.org.br/wp-content/uploads/2017/05/POL%c3%8dTICA-EDITORIAL-SOBRE-A-UTILIZA%c3%87%c3%83O-DE-

CITA%c3%87%c3%95ES-EM-LIVROS-PUBLICADOS-PELA-EDITARES.pdf>; 2017; acesso em: 20.04.2021.

8. **SESI-SP,** Editora; & **SENAI-SP,** Editora; ***Manual de Estilo;*** disponível em: <https://www.mis-sp.org.br/storage/projects_selection/jItkc43JXNTiGaqoQvIYOoAJLO4r2ZLpBpeSo6iZ.pdf>; acesso em: 20.04.2021.

9. **Teles,** Mabel; ***Círculo Mentalsomático;*** verbete; In: **Vieira,** Waldo; Org.; *Enciclopédia da Conscienciologia;* Verbete N. 5.498; apresentado no *Tertuliarium* / CEAEC, Foz do Iguaçu, PR; 22.02.2021; disponível em: <http://encyclossapiens.space/buscaverbete>; acesso em: 20.04.2021.

Índice Remissivo

A

B

C

D

E

F

G

I

L

M

N

O

P

Minibiografias dos Autores

Carolina Ellwanger

Natural de Porto Alegre, RS; professora universitária; graduada, mestre e doutora em Direito; voluntária da Conscienciologia, coordenadora do *Conselho Internacional de Assistência Jurídica da Conscienciologia* (CIAJUC) da *União das Instituições Conscienciocêntricas Internacionais* (UNICIN) e editora na *Associação Internacional Editares;* docente e pesquisadora em Conscienciologia; tenepessista.

Cristina Ellwanger

Natural de Porto Alegre, RS; Oficial de Justiça Federal aposentada; graduada em Ciências Jurídicas e Sociais; pós-graduada em Gestão de Pessoas; voluntária da Conscienciologia e editora na *Associação Internacional Editares;* docente e pesquisadora em Conscienciologia; tenepessista; verbetógrafa da *Enciclopédia da Conscienciologia;* coautora dos livros *Dupla Cidadania: Projetores Extrafísicos* (1998) e *O Caminho do Serenão: Criações Conscienciais* (1999).

Daniel Ronque

Natural de São Bernardo do Campo, SP; graduado em Ciências da Computação; especialista em Redes de Computadores; graduando em Medicina; voluntário da Conscienciologia na *Associação Internacional de Editares;* docente e pesquisador em Conscienciologia; tenepessista.

Denise Paro

Natural de Murutinga do Sul, SP; jornalista e professora universitária; graduada em Comunicação Social, com habilitações em Jornalismo e Relações Públicas; mestre em Comunicação; voluntária da Conscienciologia e editora na *Associação Internacional Editares;* docente e pesquisadora em Conscienciologia; tenepessista; verbetógrafa da *Enciclopédia da Conscienciologia;* autora do livro *Foz do Iguaçu: Dos Descaminhos aos Novos Caminhos* (2016).

Eliana Manfroi

Natural de Caxias do Sul, RS; jornalista e psicóloga; graduada em Psicologia e Comunicação Social (Jornalismo); especialista em Psicologia Hospitalar e da Saúde; mestre em Psicologia Clínica; voluntária da Conscienciologia na *Associação Internacional de Enciclopediologia Conscienciológica* (ENCYCLOSSAPIENS) e editora na *Associação Internacional Editares;* docente e pesquisadora em Conscienciologia; tenepessista; revisora e verbetógrafa da *Enciclopédia da Conscienciologia;* autora do livro *Antidesperdício Consciencial: Escolhas Evolutivas na Era da Fartura* (2017); coautora dos livros *Dupla Cidadania: Projetores Extrafísicos* (1998) e *O Caminho do Serenão: Criações Conscienciais* (1999).

Ercília Monção

Natural de Iporã, PR; psicóloga, professora de Língua Portuguesa e Psicologia; graduada em Letras e Psicologia; especialista em Estrutura da Língua Portuguesa, Educação de Jovens e Adultos e Psicologia Fenomenológica Existencial; voluntária da Conscienciologia na *Associação Internacional Editares;* pesquisadora em Conscienciologia; tenepessista; verbetógrafa da *Enciclopédia da Conscienciologia.*

Guilherme Kunz

Natural de Porto Alegre, RS; graduado, mestre e doutor em Engenharia Mecânica; voluntário da Conscienciologia na *Associação Internacional de Pesquisas Seriexológicas e Holobiográficas* (CONSECUTIVUS) e editor na *Associação Internacional Editares;* docente e pesquisdor em Conscienciologia; tenepessista; epicon; verbetógrafo da *Enciclopédia da Conscienciologia;* autor do livro *Manual do Materpensene* (2015); organizador do livro *Acoplamentarium: Primeira Década* (2013); coorganizador do livro *Manual do ECP2* (2018).

Ila Rezende

Natural de Aracaju, SE; graduada em Jornalismo e Psicologia; pós-graduada em Terapia Cognitivo-Comportamental; especialista em Psicopedagogia Clínica; voluntária da Conscienciologia na *Associação Internacional de Enciclopediologia Conscienciológica* (ENCYCLOSSAPIENS) e na *Associação Internacional Editares;* docente e pesquisadora em Conscienciologia; tenepessista; revisora e verbetógrafa da *Enciclopédia da Conscienciologia.*

Lane Galdino

Natural de Novo Aripuanã, AM; graduada em Direito e Ciências Contábeis; pós-graduada em Gestão Contábil, Econômica e Financeira e em Direito Tributário; voluntária da Conscienciologia, coordenadora na *Associação Internacional Editares;* docente e pesquisadora em Conscienciologia; tenepessista; verbetógrafa da *Enciclopédia da Conscienciologia;* autora do livro *Manual de Assessoria Jurídica em Instituições Conscienciocêntricas* (2020).

Liege Trentin

Natural de Porto Xavier, RS; graduada em Letras; mestre em Linguística; voluntária da Conscienciologia no *Centro de Altos Estudos da Conscienciologia* (CEAEC) e editora na *Associação Internacional Editares;* docente e pesquisadora em Conscienciologia; tenepessista.

Milena Mascarenhas

Natural de Porto Alegre, RS; licenciada em História; pós-graduada em História da Educação Brasileira; mestre em História; doutora em Sociedade, Cultura e Fronteira; voluntária da Conscienciologia na *Associação Internacional de Pesquisas Seriexológicas e Holobiográficas* (CONSECUTIVUS) e editora na *Associação Internacional Editares;* docente e pesquisadora em Conscienciologia; tenepessista; verbetógrafa da *Enciclopédia da Conscienciologia.*

Miriam Kunz

Natural de Porto Alegre, RS; bacharel em Química Industrial; licenciada em Química; voluntária da Conscienciologia na *Associação Internacional de Enciclopediologia Conscienciológica* (ENCYCLOSSAPIENS), na Holoteca do *Centro de Altos Estudos da Conscienciologia* (CEAEC) e editora na *Associação Internacional Editares;* docente e pesquisadora em Conscienciologia; tenepessista; revisora e verbetógrafa da *Enciclopédia da Conscienciologia;* autora do livro *Antropozooconviviologia* (2019).

Oswaldo Vernet

Natural de Juiz de Fora, MG; graduado em Matemática Aplicada (Informática); mestre e doutor em Engenharia de Sistemas e Computação; voluntário da Conscienciologia na *Associação Internacional de Enciclopediologia Conscienciológica* (ENCYCLOSSAPIENS) e editor na *Associação Internacional Editares;* docente e pesquisador em Conscienciologia; tenepessista; revisor e verbetógrafo da *Enciclopédia da Conscienciologia;* autor do livro *Descrenciograma: Fundamentação e Teática* (2020).

Rosane Amadori

Natural de Santa Maria, RS; graduada em Comunicação Social (Jornalismo); mestre em Linguística e Semiótica; doutoranda em Sociedade, Cultura e Fronteiras; voluntária da Conscienciologia e coordenadora na *Associação Internacional Editares;* docente e pesquisadora em Conscienciologia; tenepessista; verbetógrafa da *Enciclopédia da Conscienciologia.*

Sônia Ribeiro

Natural de Pirassununga, SP; economiária aposentada; voluntária da Conscienciologia na *União das Instituições Conscienciocêntricas Internacionais* (UNICIN) e na *Associação Internacional Editares;* docente e pesquisadora em Conscienciologia; tenepessista; revisora da série de livros *Círculo Mentalsomático.*

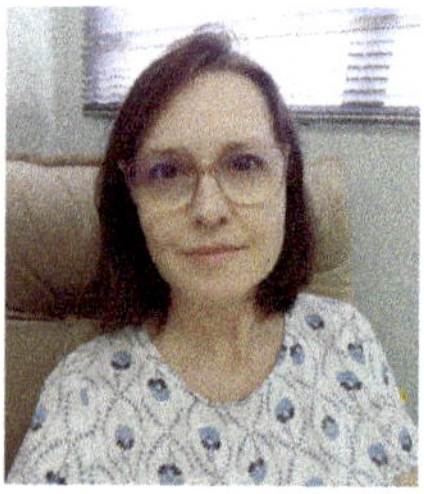

Telma Crespo

Natural de Santo André, SP; graduada em Psicologia; mestre em Psicologia da Educação; voluntária da Conscienciologia na *Associação Internacional de Pesquisas Seriexológicas e Holobiográficas* (CONSECUTIVUS) e na *Associação Internacional Editares;* docente e pesquisadora em Conscienciologia; tenepessista; verbetógrafa da *Enciclopédia da Conscienciologia.*

Instituições Conscienciocêntricas (ICs)

ICs. As *Instituições Conscienciocêntricas* (ICs) são organizações cujos objetivos, metodologias de trabalho e modelos organizacionais estão fundamentados no Paradigma Consciencial. A atividade principal das ICs é apoiar a evolução das consciências através da tarefa do esclarecimento pautada pelas verdades relativas de ponta, encontradas nas pesquisas no campo da Ciência Conscienciologia e especialidades.

Voluntariado. Todas as *Instituições Conscienciocêntricas* são associações independentes, de caráter privado, sem fins de lucro e mantidas predominantemente pelo trabalho voluntário de professores, pesquisadores, administradores e profissionais de diversas áreas.

CCCI. O conjunto das *Instituições Conscienciocêntricas* e dos voluntários da Conscienciologia no planeta compõe a *Comunidade Conscienciológica Cosmoética Internacional* (CCCI) formada atualmente por 24 ICs, incluindo a *União das Instituições Conscienciocêntrias Internacionais* (UNICIN) e a *Associação Internacional Editares.*

AIEC – ASSOCIAÇÃO INTERNACIONAL PARA EXPANSÃO DA CONSCIENCIOLOGIA
Fundação: 22.04.2005
Sede: Av. Felipe Wandscheer, 6.200
Cognópolis, Foz do Iguaçu, PR, Brasil, CEP: 85856-850
Tel.: +55 (45) 2102-1411
Site: www.worldaiec.org
Contato: info@worldaiec.org

APEX – ASSOCIAÇÃO INTERNACIONAL DA PROGRAMAÇÃO EXISTENCIAL
Fundação: 20.02.2007
Sede: Rua da Cosmoética, 1.635, sala 12
Cognópolis, Foz do Iguaçu, PR, Brasil, CEP: 85856-852
Tel.: +55 (45) 2102-1499; +55 (45) 99134-1185
Site: www.apexinternacional.org
Contato: contato@apexinternacional.org

ARACÊ – ASSOCIAÇÃO INTERNACIONAL PARA EVOLUÇÃO DA CONSCIÊNCIA
Fundação: 14.04.2001
Campus ARACÊ: Rota do Conhecimento, Km 7, acesso BR-262, Km 86
Distrito de Aracê, Domingos Martins, ES, Brasil.
Endereço para correspondência: Caixa Postal 110
Pedra Azul, Domingos Martins, ES, Brasil, CEP: 29278-000
Tel.: +55 (27) 99997-3120
Site: www.arace.org
Contato: associacao@arace.org

ASSINVÉXIS – ASSOCIAÇÃO INTERNACIONAL DE INVERSÃO EXISTENCIAL
Fundação: 22.07.2004
Campus de Invexologia: Av. Maria Bubiak, 1.100
Cognópolis, Foz do Iguaçu, PR, Brasil, CEP: 85856-810
Tel.: +55 (45) 3525-0913
Site: www.assinvexis.org
Contato: contato@assinvexis.org

ASSIPI – ASSOCIAÇÃO INTERNACIONAL DE PARAPSIQUISMO INTERASSISTENCIAL
Fundação: 29.12.2011
Sede: Av. Felipe Wandscheer, 6.200, sala 212
Cognópolis, Foz do Iguaçu, PR, Brasil, CEP: 85856-850
Tel.: +55 (45) 2102-1421
Site: www.assipi.com
Contato Sede: assipi@assipi.com

CEAEC – ASSOCIAÇÃO INTERNACIONAL DO CENTRO DE ALTOS ESTUDOS DA CONSCIENCIOLOGIA
Fundação: 15.07.1995
Campus: Rua da Cosmoética, 1.635
Cognópolis, Foz do Iguaçu, PR, Brasil, CEP: 85856-852
Tel.: +55 (45) 2102-1499
Site: www.campusceaec.org
Contato: ceaec@ceaec.org

COMUNICONS – ASSOCIAÇÃO INTERNACIONAL DE COMUNICAÇÃO CONSCIENCIOLÓGICA
Fundação: 24.07.2005
Sede: Av. Felipe Wandscheer, 6.200, sala 206
Cognópolis, Foz do Iguaçu, PR, Brasil, CEP: 85856-850

Tel.: +55 (45) 98827-5920
Site: www.comunicons.org.br
Contato: comunicons@comunicons.org

CONSCIUS – ASSOCIAÇÃO INTERNACIONAL DE CONSCIENCIOMETRIA INTERASSISTENCIAL
Fundação: 24.02.2006
Sede: Av. Felipe Wandscheer, 6.200, sala 110
Cognópolis, Foz do Iguaçu, PR, Brasil, CEP: 85856-850
Tel.: +55 (45) 2102-1460
Site: www.conscius.org.br
Contato: conscius@conscius.org.br

CONSECUTIVUS – ASSOCIAÇÃO INTERNACIONAL DE PESQUISAS SERIEXOLÓGICAS E HOLOBIOGRÁFICAS
Fundação: 14.12.2014
Sede: Av. Felipe Wandscheer, 6.200, casa 351
Cognópolis, Foz do Iguaçu, PR, Brasil, CEP: 85856-850
Telefone: +55 (45) 99121-0717
Site: www.consecutivus.org
Contato: consecutivus@consecutivus.org

COSMOETHOS – ASSOCIAÇÃO INTERNACIONAL DE COSMOETICOLOGIA
Fundação: 03.10.2015
Sede: Av. Felipe Wandscheer, 6.200, sala 104
Cognópolis, Foz do Iguaçu, PR, Brasil, CEP: 85856-850
Telefone: +55 (45) 99927-0880
Site: www.cosmoethos.org.br
Contato: contato@cosmoethos.org.br

ECTOLAB – ASSOCIAÇÃO INTERNACIONAL DE PESQUISA LABORATORIAL EM ECTOPLASMIA E PARACIRURGIA
Fundação: 14.07.2013
Sede: Rua da Cosmoética, 1.635
Cognópolis, Foz do Iguaçu, PR, Brasil, CEP: 85853-852
Telefone: +55 (45) 2102-1427; +55 (45) 99101 1407
Site: www.ectolab.org
Contato: ectolab@ectolab.org

EDITARES – ASSOCIAÇÃO INTERNACIONAL EDITARES
Fundação: 23.10.2004
Sede: Av. Felipe Wandscheer, 6.200, sala 100D

Cognópolis, Foz do Iguaçu, PR, Brasil, CEP: 85856-850
Tel.: +55 (45) 99133-2818
Site: www.editares.org
Contato: editares@editares.org

ENCYCLOSSAPIENS – ASSOCIAÇÃO INTERNACIONAL DE ENCICLOPEDIOLOGIA CONSCIENCIOLÓGICA
Fundação: 21.12.2013
Sede: Rua da Cosmoética, 1.635
Cognópolis, Foz do Iguaçu, PR, Brasil, CEP: 85856-852
Tel.: +55 (45) 2102-1499
Site: www.encyclossapiens.org
Contato: contato@encyclossapiens.org

EVOLUCIN – ASSOCIAÇÃO INTERNACIONAL DE CONSCIENCIOLOGIA PARA INFÂNCIA
Fundação: 29.07.2006
Sede: Av. Felipe Wandscheer, 6.200, prédio Evolucin,
Cognópolis, Foz do Iguaçu, PR, Brasil, CEP: 85856-850
Tel.: +55 (45) 99121-4343
Site: www.evolucin.org.br
Contato: contato@evolucin.org.br

IC TENEPES – ASSOCIAÇÃO INTERNACIONAL DE TENEPESSOLOGIA
Fundação: 11.06.2016
Sede: Av. Felipe Wandscheer, 6.200, sala 205
Cognópolis, Foz do Iguaçu, PR, Brasil, CEP: 85856-850
Tel.: +55 (45) 9131-2855
Site: www.ictenepes.org

IIPC – INSTITUTO INTERNACIONAL DE PROJECIOLOGIA E CONSCIENCIOLOGIA
Fundação: 16.01.1988
Sede: Av. Felipe Wandscheer, 6.200, sala 103
Cognópolis, Foz do Iguaçu, PR, Brasil, CEP: 85856-850
Tel.: +55 (45) 2102-1448
Site: www.iipc.org.br
Contato: iipc@iipc.org.br
Campus de Pesquisas IIPC: Estrada do Universalismo, 1.177
Sampaio Correa, Saquarema, RJ, Brasil, CEP: 28997-970
Tel.: +55 (22) 2654-1186
Contato: campus@iipc.org

INTERCAMPI – ASSOCIAÇÃO INTERNACIONAL DOS CAMPI DE PESQUISAS DA CONSCIENCIOLOGIA
Fundação: 23.07.2005
Sede: Av. Antonio Basílio, 3006, sala 901
Lagoa Nova, Natal, RN, Brasil, CEP: 59056-901
Tel.: +55 (84) 3211-3126; +55 (84) 9168-2066
Site: www.intercampi.org
Contato: intercampi@intercampi.org

INTERPARES – ASSOCIAÇÃO INTERNACIONAL DE APORTES INTERASSISTENCIAIS
Fundação: 15.05.2016
Sede: Rua Cosmoética, 1.635, sala 11
Cognópolis, Foz do Iguaçu, PR, Brasil, CEP: 85856-852
Tel.: +55 (45) 99124-7681
Site: www.interpares.org.br
Contato: interpares@interpares.org.br

JURISCONS – ASSOCIAÇÃO INTERNACIONAL DE PARADIREITOLOGIA
Fundação: 25.04.2015
Sede: Av. Felipe Wandscheer, 6.200, sala 350-A
Cognópolis, Foz do Iguaçu, PR, Brasil, CEP: 85856-850
Site: www.juriscons.org
Contato: juriscons@juriscons.org

OIC – ORGANIZAÇÃO INTERNACIONAL DE CONSCIENCIOTERAPIA
Fundação: 06.09.2003
Campus: Av. Felipe Wandscheer, 6.945
Cognópolis, Foz do Iguaçu, PR, Brasil, CEP: 85856-850
Tel.: +55 (45) 3025-1404; +55 (45) 9-9992-1664
Site: www.oic.org.br
Contato: aco@oic.org.br

ORTHOCOGNITIVUS – ASSOCIAÇÃO INTERNACIONAL PARA IMPLANTAÇÃO DA COGNÓPOLIS SC
Fundação: 18.05.2018
Av. Marechal Castelo Branco, 65, Sala 1.111, torre B
Edifício Kennedy Towers
Bairro Campinas, São José, SC, Brasil, CEP: 88101-020
Telefone: +55 (48) 99845-9931
Site: www.orthocognitivus.org
Contato: contato@orthocognitivus.org

REAPRENDENTIA – ASSOCIAÇÃO INTERNACIONAL DE PARAPEDAGOGIA E REEDUCAÇÃO CONSCIENCIAL
Fundação: 21.10.2007
Sede: Av. Felipe Wandscheer, 6.560
Cognópolis, Foz do Iguaçu, PR, Brasil, CEP: 85856-850
Centro, Foz do Iguaçu, PR, Brasil
Tel.: +55 (45) 99833-9769
Site: www.reaprendentia.org
Contato: contato@reaprendentia.org

UNICIN – UNIÃO DAS INSTITUIÇÕES CONSCIENCIOCÊNTRICAS INTERNACIONAIS
Fundação: 22.01.2005
Sede: Av. Felipe Wandscheer, 6.200, salas 201 a 203
Cognópolis, Foz do Iguaçu, PR, Brasil, CEP: 85856-850
Tel.: +55 (45) 2102-1405
Site: www.unicin.org
Contato: unicin@unicin.org

UNIESCON – UNIÃO INTERNACIONAL DE ESCRITORES DA CONSCIENCIOLOGIA
Fundação: 23.11.2008
Sede: Rua da Cosmoética, 1.635
Cognópolis, Foz do Iguaçu, PR, Brasil, CEP: 85856-852
Tel.: +55 (45) 2102-1499
Site: www.uniescon.org
Contato: uniescon.ccci@gmail.com

Lista de Publicações da Editares

Autores	Títulos (em Português)
Adriana Kauati	SÍNDROME DO IMPOSTOR
Adriana Lopes	SENSOS EVOLUTIVOS E CONTRASSENSOS REGRESSIVOS
Alessandra Nascimento e Felix Wong (Org.)	CONSCIENCIOLOGIA É NOTÍCIA: PROJECIOLOGIA
Alexandre Nonato	JK E OS BASTIDORES DA CONSTRUÇÃO DE BRASÍLIA
Alexandre Nonato *et al.*	ACOPLAMENTO ENERGÉTICO INVERSÃO EXISTENCIAL
Alexandre Zaslavsky (Editor da Revista)	INTERPARADIGMAS 1 – Princípio da Descrença INTERPARADIGMAS 2 – Parapercepciologia INTERPARADIGMAS 3 – Pesquisa da Autoconsciência INTERPARADIGMAS 4 – Diálogos Interparadigmáticos INTERPARADIGMAS 5 – Precursores Interparadigmáticos INTERPARADIGMAS 6 – O Paradigma Consciencial e Outros Paradigmas de Pesquisa da Consciência INTERPARADIGMAS 7 – Transição Autoparadigmática
Aline Niemeyer	MEGAPENSENES TRIVOCABULARES DA INTERASSISTENCIALIDADE
Aline Niemeyer e Lilian Zolet	TÉCNICAS BIOENERGÉTICAS PARA CRIANÇAS
Almir Justi, Amin Lascani e Dayane Rossa	COMPETÊNCIAS PARAPSÍQUICAS
Alzemiro Rufino de Matos	VIDA: OPORTUNIDADE DE APRENDER
Alzira Gezing	INTENÇÃO
Ana Luiza Rezende et al.	MANUAL DO ECP2
Ana Seno	COMUNICAÇÃO EVOLUTIVA
Ana Seno e Eliane Stédile (Orgs.)	*SERENARIUM*
Anália Rosário Lopes, Myriam Sanchez e Rita Sawaya	DICIONÁRIO DE TECAS DA HOLOTECOLOGIA
Antonio Fontenele	DECISÕES EVOLUTIVAS
Antonio Pitaguari e Marina Thomaz	REDAÇÃO E ESTILÍSTICA CONSCIENCIOLÓGICA
Arlindo Alcadipani	ITINERÁRIO EVOLUTIVO DE UM RECICLANTE
Bárbara Ceotto	DIÁRIO DE AUTOCURA
Beatriz Tenius e Tatiana Lopes	AUTOPESQUISA CONSCIENCIOLÓGICA

Autores	Títulos (em Português)
Caio Polizel (Org.)	DIRETRIZES DA AUTOGESTÃO EXISTENCIAL
Cesar Cordioli	CALEPINO CONSCIENCIOLÓGICO – COLETÂNEA DE APONTAMENTOS PRÓ-EVOLUTIVOS CONSCIENCIOLOGIA: BREVE INTRODUÇÃO À CIÊNCIA DA CONSCIÊNCIA
Cesar Machado	ANTIVITIMIZAÇÃO PROATIVIDADE EVOLUTIVA
Cesar Machado e Stéfani Sabetzki	HUMANIZAÇÃO PARAPSÍQUICA NA UTI
Cirleine Couto	CONTRAPONTOS DO PARAPSIQUISMO INTELIGÊNCIA EVOLUTIVA COTIDIANA
Clara Emilie Vieira	ESCOLHAS EVOLUTIVAS
Christovão Peres	VOLICIOTERAPIA: VONTADE APLICADA A CONSCIENCIOTERAPIA
Clara Emilie Vieira	ESCOLHAS EVOLUTIVAS
Dalva Morem	SEMPRE É TEMPO
Dayane Rossa	OPORTUNIDADE DE VIVER MEGATRAFOR: ESTUDO DO MAIOR TALENTO CONSCIENCIAL SOB A ÓTICA DA MULTIEXISTENCIALIDADE
Débora Klippel	O PEQUENO PESQUISADOR: MULTIDIMENSIONALIDADE O PEQUENO PESQUISADOR: AUTOPESQUISA DE VIDAS PASSADAS
Denise Paro e Nara Oliveira (Editoras)	REVISTA HOLOTECOLOGIA N. 3 – COLEÇÕES AMPLIAM MUNDIVISÕES
Dulce Daou	AUTOCONSCIÊNCIA E MULTIDIMENSIONALIDADE VONTADE: CONSCIÊNCIA INTEIRA
Eduardo Martins	HIGIENE CONSCIENCIAL
Eliana Manfroi	ANTIDESPERDÍCIO CONSCIENCIAL
Eliane Wojslaw *et al.*	GLOSSÁRIO INGLÊS-PORTUGUÊS DE TERMOS ESSENCIAIS DA CONSCIENCIOLOGIA
Ermânia Ribeiro	DIÁRIO DE EXPERIÊNCIAS COGNOPOLITANAS
Ernani Brito, Rosemary Salles e Sandra Tornieri (Orgs.)	LIVRO DOS CREDORES GRUPOCÁRMICOS
Eucárdio de Rosso (Org.)	COSMOETICOLOGIA
Everaldo Bergonzini e Lilian Zolet	CONVIVIALIDADE SADIA
Fernando R. Sivelli e Marineide C. Gregório	AUTOEXPERIMENTOGRAFIA PROJECIOLÓGICA
Flavia Rogick	CONSCIÊNCIA CENTRADA NA ASSISTÊNCIA MUDAR OU MUDAR
Flávio Amado (Org.)	TEÁTICAS DA TENEPES

Autores	**Títulos (em Português)**
Flávio Buononato	ANUÁRIO DA CONSCIENCIOLOGIA 2012 ANUÁRIO DA CONSCIENCIOLOGIA 2013 ANUÁRIO DA CONSCIENCIOLOGIA 2014 FATOS E PARAFATOS DA COGNÓPOLIS FOZ DO IGUAÇU
Flávio Monteiro e Pedro Marcelino	*CONS:* COMPREENDENDO NOSSA EVOLUÇÃO
Giuliana Costa	AUTOBIOGRAFIA DE UMA PERSONALIDADE CONSECUTIVA
Graça Razera	HIPERATIVIDADE EFICAZ
Guilherme Kunz	MANUAL DO MATERPENSENE
Ione Rosa	ACERTOS GRUPOCÁRMICOS
Isabel Manfroi	O EMPREENDEDORISMO REURBANIZADOR DE HÉRCULES GALLÓ E WALDO VIEIRA
Jacqueline Nahas e Pedro Fernandes (Orgs.)	*HOMO LEXICOGRAPHUS:* A SAGA INTELECTUAL DE ÉMILE LITTRÉ NA ESCRITA DO DICIONÁRIO DA LÍNGUA FRANCESA
Jayme Pereira	BÁRBARAH VAI À ESTRELA PRINCÍPIOS DO ESTADO MUNDIAL COSMOÉTICO
João Aurélio e Katia Arakaki	COGNÓPOLIS FOZ: UM LUGAR PARA SE VIVER
João Paulo Costa e Dayane Rossa	MANUAL DA CONSCIN-COBAIA
João Ricardo Schneider	HISTÓRIA DO PARAPSIQUISMO
Jovilde Montagna	VIVÊNCIAS PARAPSÍQUICAS DE UMA PEDIATRA
Julieta Mendonça	MANUAL DO TEXTO DISSERTATIVO
Julio Almeida	QUALIFICAÇÃO AUTORAL QUALIFICAÇÕES DA CONSCIÊNCIA QUALIFICAÇÃO ASSISTENCIAL
Kátia Arakaki	ANTIBAGULHISMO ENERGÉTICO VIAGENS INTERNACIONAIS OTIMIZAÇÕES PRÉ-TENEPES
Kátia Arakaki (Org.)	AUTOFIEX
Lane Galdino	MANUAL DE ASSESSORIA JURÍDICA EM INSTITUIÇÕES CONSCIENCIOCÊNTRICAS (ICs)
Laura Sánchez	LASTANOSA: MEMÓRIA E HISTÓRIA DO INTELECTUAL E HOLOTECÁRIO DO SÉCULO XVII
Lilian Zolet	PARAPSIQUISMO NA INFÂNCIA
Lilian Zolet e Flavio Buononato	MANUAL DO *ACOPLAMENTARIUM*
Lilian Zolet e Guilherme Kunz (Orgs.)	*ACOPLAMENTARIUM:* PRIMEIRA DÉCADA

AUTORES	TÍTULOS (EM PORTUGUÊS)
Lourdes Pinheiro e Felipe Araújo	DICIONÁRIO DE VERBOS CONJUGADOS DA LÍNGUA PORTUGUESA
Luciana Lavôr (Org.)	I NOITE DE GALA MNEMÔNICA: HISTÓRIA ILUSTRADA
Luciano Vicenzi	CORAGEM PARA EVOLUIR
Lucy Lufti	VOLTEI PARA CONTAR
Luiz Bonassi	PARADOXOS
Mabel Teles	PROFILAXIA DAS MANIPULAÇÕES CONSCIENCIAIS *ZÉFIRO*: A PARAIDENTIDADE INTERMISSIVA DE WALDO VIEIRA
Málu Balona	AUTOCURA ATRAVÉS DA RECONCILIAÇÃO SÍNDROME DO ESTRANGEIRO
Marcelo da Luz	ONDE A RELIGIÃO TERMINA?
Maria Helena Lagrota	MINHAS QUATRO ESTAÇÕES
Maria Tereza Bolzan	ENERGIAS
Maria Thereza Lacerda	A PEDRA DO CAMINHO
Marilza de Andrade	PROJEÇÕES ASSISTENCIAIS
Marina Thomaz e Antonio Pitaguari (Orgs.)	TENEPES: ASSISTÊNCIA INTERDIMENSIONAL LÚCIDA
Marlene Koller	DA CONSCIÊNCIA REBELDE À HOLOCONVIVIALIDADE PACÍFICA
Marta Ramiro	MANUAL DA TÉCNICA DA RECÉXIS
Maximiliano Haymann	PRESCRIÇÕES PARA O AUTODESASSÉDIO SÍNDROME DO OSTRACISMO
Miriam Kunz	ANTROPOZOOCONVIVIOLOGIA
Moacir Gonçalves e Rosemary Salles	DINÂMICAS PARAPSÍQUICAS
Neida Cardozo	SÍNDROME DA DISPERSÃO CONSCIENCIAL
Osmar Ramos Filho	CRISTO ESPERA POR TI (Edição comentada)
Oswaldo Vernet	DESCRENCIOGRAMA: FUNDAMENTAÇÃO E TEÁTICA
Paulo Mello	EVOLUTIVIDADE PLANEJADA
Pedro Fernandes	SERIEXOLOGIA: EVOLUÇÃO MULTIEXISTENCIAL LÚCIDA
Phelipe Mansur	EMPREENDEDORISMO EVOLUTIVO
Reinalda Fritzen	CAMINHOS DA AUTOSSUPERAÇÃO
Ricardo Rezende	LUCIDEZ CONSCIENCIAL VOLUNTARIADO CONSCIENCIOLÓGICO INTERASSISTENCIAL LUCIDEZ CONSCIENCIAL
Roberto Leimig	VIDAS DE NATURALISTA

Autores	**Títulos (em Português)**
Rodrigo Medeiros	CLARIVIDÊNCIA
Rosa Nader	AUTODESREPRESSÃO: REFLEXÕES CONSCIENCIOLÓGICAS
Rosa Nader (Org.)	MANUAL DE VERBETOGRAFIA
Roseli Oliveira	DICIONÁRIO DE EUFEMISMOS DA LÍNGUA PORTUGUESA
Rosemary Salles	CONSCIÊNCIA EM REVOLUÇÃO
Sandra Tornieri	MAPEAMENTO DA SINALÉTICA ENERGÉTICA PARAPSÍQUICA
Selma Prata	O CÉREBRO ENVELHECE E O PARACÉREBRO ENRIQUECE
Silda Dries	TEORIA E PRÁTICA DA EXPERIÊNCIA FORA DO CORPO
Sissi Prado Lopes (Org.)	CONSCIENTIOTHERAPIA
Tathiana Mota	CURSO INTERMISSIVO
Tatiana Lopes	DESENVOLVIMENTO DA PROJETABILIDADE LÚCIDA
Tony Musskopf	AUTENTICIDADE CONSCIENCIAL
Vera Hoffmann	SEM MEDO DA MORTE
Vera Tanuri	PERDÃO: OPÇÃO COSMOÉTICA DE SEGUIR EM FRENTE
Victor Strate Bolfe	ESTADO VIBRACIONAL: VIVÊNCIA E AUTOQUALIFICAÇÃO
Wagner Alegretti	RETROCOGNIÇÕES: PESQUISA DA MEMÓRIA DE VIVÊNCIAS PASSADAS
Wagner Strachicini	CONSCIÊNCIA ANTIDOGMÁTICA
Waldo Vieira	100 TESTES DA CONSCIENCIOMETRIA 200 TEÁTICAS DA CONSCIENCIOLOGIA 500 VERBETÓGRAFOSDA *ENCICLOPÉDIA DA* CONSCIENCIOLOGIA 700 EXPERIMENTOS DA CONSCIENCIOLOGIA A NATUREZA ENSINA CONSCIENCIOGRAMA DICIONÁRIO DE ARGUMENTOS DA CONSCIENCIOLOGIA DICIONÁRIO DE NEOLOGISMOS DA CONSCIENCIOLOGIA *HOMO SAPIENS PACIFICUS* *HOMO SAPIENS REURBANISATUS* LÉXICO DE ORTOPENSATAS MANUAL DA DUPLA EVOLUTIVA MANUAL DA PROÉXIS MANUAL DA TENEPES MANUAL DE REDAÇÃO DA CONSCIENCIOLOGIA MANUAL DOS MEGAPENSENES TRIVOCABULARES

AUTORES	TÍTULOS (EM PORTUGUÊS)
Waldo Vieira	MÁXIMAS DA CONSCIENCIOLOGIA NOSSA EVOLUÇÃO O QUE É A CONSCIENCIOLOGIA PROJECIOLOGIA: PANORAMA DAS EXPERIÊNCIAS DACONSCIÊNCIA FORA DO CORPO HUMANO PROJEÇÕES DA CONSCIÊNCIA TEMAS DA CONSCIENCIOLOGIA
Waldo Vieira *et. al.*	ENCICLOPÉDIA DA CONSCIENCIOLOGIA

AUTORES	TÍTULOS (EM INGLÊS)
Alessandra Nascimento e Felix Wong (Orgs.)	*CONSCIENTIOLOGY IS NEWS: PROJECTIOLOGY*
Cesar Machado	*ANTIVICTIMIZATION*
Débora Klippel	*THE LITTLE RESEARCHER*
Eduardo Martins	*CONSCIENTIAL HYGIENE*
Eliana Manfroi	*CONSCIENTIAL ANTIWASTAGE*
Eliane Wojslaw *et. al.*	*THE ENGLISH-PORTUGUESE GLOSSARY OF ESSENTIAL CONSCIENTIOLOGY TERMS*
Flávio Monteiro e Pedro Marcelino	*CONS: UNDERSTANDING OUR EVOLUTION*
Jaime Pereira	*BARBARAH VISISTS A STAR*
Lilian Zolet	*PARAPSYCHISM IN CHILDHOOD: QUESTIONS AND ANSWERS*
Mabel Teles	*ZEPHYRUS: THE INTERMISSIVE PARAIDENTITY OF WALDO VIEIRA*
Marcelo da Luz	*WHERE DOES RELIGION END ?*
Tathiana Mota	*INTERMISSIVE COURSE*
Waldo Vieira	*700 CONSCIENTIOLOGY EXPERIMENTS* *CONSCIENTIOGRAM* *OUR EVOLUTION* *PENTA MANUAL* *PROEXIS MANUAL* *PROJECTIOLOGY: A PANORAMA OF EXPERIENCES OF THE CONSCIOUSNESS OUTSIDE THE HUMAN BODY* *PROJECTIONS OF THE CONSCIOUSNESS*

AUTORES	TÍTULOS (EM ESPANHOL)
Alessandra Nascimento e Felix Wong (Orgs.)	*CONCIENCIOLOGÍA ES NOTICIA: PROYECCIOLOGÍA*
Cesar Cordioli	*CONCIENCIOLOGÍA: BREVE INTRODUCTION A LA CIENCIA DE LA CONCIENCIA*

AUTORES	TÍTULOS (EM ESPANHOL)
Glória Thiago	*VIVIENDO EN MÚLTIPLES DIMENSIONES*
Málu Balona	*SÌNDROME DEL EXTRANJERO*
Maximiliano Haymann	*SÍNDROME DEL OSTRACISMO*
Miguel Cirera	*EVOLUCIÓN DE LA INTELIGENCIA PARAPSÍQUICA*
Rosemary Salles	*CONCIENCIA EN REVOLUCIÓN*
Waldo Vieira	*CONCIENCIOGRAMA* *NUESTRA EVOLUCIÓN* *MANUAL DE LA TENEPER* *MANUAL DE LA PROEXIS* *MANUAL DE LA PAREJA EVOLUTIVA* *PROYECCIONES DE LA CONCIENCIA*

AUTORES	TÍTULOS (EM ALEMÃO)
Jayme Pereira	*BARBARAH FLIEGT ZUM STERN*

AUTORES	TÍTULOS (EM ROMENO)
Waldo Vieira	*MANUAL DE PENTA*

EDITARES®

Site da Editora: **www.editares.org.br**

Levantamento Estatístico da Obra

Pontoações	Itens
141.286	Caracteres
20.392	Palavras
3.618	Linhas
1.820	Parágrafos
148	Páginas
6	Capítulos
18	Citações
27	*E-mails*
41	Enumerações
16	Fotos
1	Gráfico
21	Ilustrações
16	Microbiografias
1	Quadro Sinótico
39	*Websites*
17	Referências Bibliográficas
9	Referências Webgráficas
101	Entradas no Índice Remissivo
24	*Instituições Conscienciocêntricas* (ICs)

Bibliografia Específica Exaustiva (BEE)

Galdino, Lane; Org.; ***Manual de Publicações da EDITARES;*** ed. e int. Oswaldo Vernet; pref. Denise Paro; revisores Carlos Moreno; *et al.;* 152 p.; 6 seções; 19 caps.; 18 citações; 27 *E-mails*; 41 enus.; 16 fotos; 1 gráf.; 21 ilus.; 16 microbiografias; 1 pontoação; 1 quadro sinótico; 39 *websites;* 17 refs.; 9 webgrafias; 1 apênd.; alf.; 23 x 16 cm; br.; *Associação Internacional Editares;* Foz do Iguaçu, PR; 2021.

1. ÁREA DE INVESTIGAÇÃO:
EDITORIOLOGIA.

ESTE LIVRO INVESTIGA TEMAS DA
CONSCIENCIOLOGIA.

2. PRINCÍPIO DA DESCRENÇA:

NÃO ACREDITE EM NADA,
NEM MESMO NO CONTEÚDO DESTE LIVRO.
EXPERIMENTE.
TENHA SUAS EXPERIÊNCIAS PESSOAIS.

1ª Edição [2021]

Esta obra foi composta no formato 22,86 x 15,24 cm, miolo em fonte Adobe Garamond Pro (11pt), títulos em fonte Open Sans (16pt). Impressa pela gráfica Meta Brasil em Offset 90 g/m2 (miolo) e Cartão Triplex 300 g/m2 (capa) para a editora Editares em Agosto de 2021.

EDITARES®